Hochzeit – Ehe – Partnerschaft

Hinweise zur CD-ROM

Die dem Buch beiliegende CD-ROM soll Ihnen die Arbeit erleichtern. Sie enthält den vollständigen Inhalt des Buches als pdf-Datei sowie die in s/w abgedruckten Bilder von Sieger Köder in Farbe. Markieren Sie den gewünschten Text und kopieren Sie ihn über die Zwischenablage in Ihr Textverarbeitungsprogramm. So können Sie einzelne Texte mühelos bearbeiten und der jeweiligen (Gemeinde-)Situation anpassen. Die PDF-Datei selbst können Sie mit dem Reader nicht verändern.

Hochzeit – Ehe – Partnerschaft

Das große Werkbuch für Gottesdienst und Gemeindearbeit

Herausgegeben von Monika Kampmann

Schwabenverlag

VERLAGSGRUPPE PATMOS
PATMOS
ESCHBACH
GRÜNEWALD
THORBECKE
SCHWABEN

Die Verlagsgruppe
mit Sinn für das Leben

Für die Schwabenverlag AG ist Nachhaltigkeit ein wichtiger Maßstab ihres Handelns. Wir achten daher auf den Einsatz umweltschonender Ressourcen und Materialien. Dieses Buch wurde auf FSC®-zertifiziertem Papier gedruckt. FSC (Forest Stewardship Council®) ist eine nicht staatliche, gemeinnützige Organisation, die sich für eine ökologische und sozial verantwortliche Nutzung der Wälder unserer Erde einsetzt.

1. Auflage 2013
Alle Rechte vorbehalten
© 2013 Schwabenverlag AG, Ostfildern
www.schwabenverlag-online.de

Umschlaggestaltung: Finken & Bumiller, Stuttgart
Umschlagabbildung: Behutsam © misterQM | photocase.de
Notensatz: Matthias Heid, Rottenburg
Druck: CPI – Ebner & Spiegel, Ulm
Hergestellt in Deutschland
ISBN 978-3-7966-1601-3

Inhalt

Vorwort 9

»Lass Liebe auf uns regnen, lass es gießen und uns segnen« . . 10
Chancen und Risiken von Paarbeziehungen heute

Am größten aber ist die Liebe
Gottesdienste und Feiern zur Hochzeit

Trauungsgottesdienste zu biblischen Erzählungen

    Jakobs Traum 22

    Wer die Wahrheit liebt, muss die Liebe in der Ehe suchen,
    oder: Leben wagen – unter Gottes Schutz 28

    Ölbaum und Weinstock 32

    Eine dreifache Schnur reißt nicht 36

    Was die wechselnden Zeiten überdauert 39

Trauungsgottesdienste zu biografischen Anlässen

    Im Zeichen der Ringe – Trauungsgottesdienst für ein Paar,
    das schon länger zusammenwohnt 43

    Entdeckt im andern das Geheimnis eurer Liebe –
    Trauungsgottesdienst mit Taufe 48

    Grundsteinlegung für eine ökumenische Hauskirche – Ökumenische
    Trauung in Anlehnung an das badische »Formular C« 54

    Miteinander auf dem Gipfel – Trauungsgottesdienst für ein
    exemplarisches Erlebnismilieu 62

Trauungsansprachen zu verschiedenen Symbolen und Anlässen

    Schutz – Ansprache zu Ps 91 67

    Auf Rosen gebettet – Ansprache zum Symbol Rose 70

    Stilllegung oder Betrieb auf Dauer? – Ansprache zum Symbol
    Eisenbahn 73

Traut euch! – Ansprache mit zwei Geschichten 75

Ein Ja, das Leben schenkt – Ansprache zu einer Trauung mit Taufe 79

Gebete und Impulse 82

Ein Segen sollst du sein
Gottesdienste und Feiern während der Ehe

Feiern zu Ehejubiläen

Den Weg weitergehen – Ritual zum zehnten Hochzeitstag . . 88

Ganz ohne Wunder geht's auch nicht! – Gottesdienst zur Silberhochzeit 92

Innehalten – danken – weitergehen – Feier zur Silberhochzeit im privaten Rahmen 96

Gib den Jahren Leben – Segensfeier zum 40-jährigen Ehejubiläum 101

Ein Erntedankfest der Liebe – Gottesdienst zur Goldenen Hochzeit 105

Liebe ist nicht nur ein Wort – Ansprache zur Goldenen Hochzeit 111

Die Liebe hört niemals auf – Feier zur Diamantenen Hochzeit . 114

Feiern zu verschiedenen Anlässen in der Ehe

Gott stärke dich durch meine Liebe – Segensfeier zum Hochzeitstag 117

Sie haben keinen Wein mehr! – Ansprache zu einem Treffen von Ehepaaren 122

Weil du in meinen Augen kostbar und wertvoll bist – Mutter-/Elternsegen während der Schwangerschaft 125

Du wirst den Herrn, deinen Gott, finden – Segensfeier mit einem Paar, das sich trennt 128

Halte du, Gott, den weiten Raum – Segensgebet für ein Paar in der Krise 132

Gebete und Impulse 134

Seid einander in Liebe verbunden
Gottesdienste und Feiern rund um die Partnerschaft

Zum Valentinstag

Jedem Anfang wohnt eine Kraft inne –Segensfeier für Verliebte . . . 138

Weil Liebe uns beflügelt – Meditative Segensfeier 142

Wo Güte und Liebe ist, da ist Gott – Segensgottesdienst . . 146

Gottesdienst für mancherlei Liebende – »Offener Gottesdienst« 153

In einer Paarbiografie

Gesegnet seid ihr ... – Segensfeier zu Beginn einer
Lebenspartnerschaft 158

Ermutigung und Stärkung – Segnungsfeier für Paare mit
Salbungsritual 162

Der Regenbogen – Brücke zwischen Gott und Mensch –
Segnung einer »Patchworkfamilie« 165

Wenn Wege sich trennen – Ökumenischer Gottesdienst für
getrennt Lebende und Geschiedene und ihre Angehörigen . . 169

Gebete und Impulse 176

Anhang

Ablauf einer Trauung in der katholischen Kirche 182

Gemeinsame Feier der kirchlichen Trauung in einer katholischen
Kirche unter Beteiligung des evangelischen Pfarrers/der
evangelischen Pfarrerin 184

Gemeinsame Feier der kirchlichen Trauung in einer evangelischen
Kirche unter Beteiligung eines katholischen Geistlichen (Pfarrer/
Diakon) 185

Bibelstellenverzeichnis 186

Textnachweis 187

Abkürzungen bei den Liedvorschlägen: EG = Evangelisches Gesangbuch; EH = Erdentöne – Himmelsklang. Neue geistliche Lieder, Schwabenverlag, 7. Aufl. 2011; GL = Gotteslob; KiFam = Dir sing ich mein Lied. Das Kinder- und Familiengesangbuch, Schwabenverlag, 2. Auflage 2006

Vorwort

»Ich will dich lieben und ehren alle Tage meines Lebens.« Für viele Paare, die sich zur Heirat entschieden haben – seien sie kirchlich beheimatet oder zunehmend ohne kirchlichen Hintergrund –, gehört die kirchliche Trauung auf jeden Fall dazu. Doch auch in anderen Lebenssituationen fragen Paare nach seelsorglicher Begleitung. Allen gemeinsam ist der Wunsch nach einer einfühlsamen und individuellen Feier.

Damit Seelsorger und Seelsorgerinnen auf diese Wünsche eingehen können, sind in diesem Band zahlreiche Materialien für die Gestaltung von Gottesdiensten und Feiern zur Hochzeit, während der Ehe und rund um die Partnerschaft versammelt.

Das erste Kapitel widmet sich dem Thema »Hochzeit«. So findet man dort zunächst Trauungsgottesdienste, gegliedert nach biblischen Erzählungen sowie nach biografischen Anlässen, gefolgt von Ansprachen zu verschiedenen Symbolen und Anlässen. Das zweite Kapitel nimmt die »Ehe« in den Blick und stellt dafür Gottesdienste und Feiern zu Ehejubiläen, aber auch Segensfeiern zu verschiedenen Anlässen während der Ehe zur Verfügung. Das dritte Kapitel widmet sich der »Partnerschaft«. Neben Segensfeiern zum Valentinstag finden sich hier Gottesdienste und Feiern für Paare, die aus verschiedenen Gründen keine institutionelle Bindung eingegangen sind, sich aber dennoch beispielsweise eine Segnung ihrer Lebenspartnerschaft wünschen.

Neben einer Segensfeier für ein Paar, das sich trennt, habe ich einen Gottesdienst für getrennt Lebende und Geschiedene und ihre Angehörigen aufgenommen, der in ökumenischer Verbundenheit gefeiert wurde.

Den Abschluss dieses Bandes bildet eine kurze Übersicht über die Abläufe der Trauungsgottesdienste – entweder im römisch-katholischen Ritus oder auch in ökumenischer Feier.

Wenn es gelingt, mit den Ideen und Anregungen dieses Bandes Gottesdienste und Feiern zu gestalten, die eine persönliche Begegnung mit Gott ermöglichen, würde mich das sehr freuen.

Monika Kampmann

»Lass Liebe auf uns regnen, lass es gießen und uns segnen«
Chancen und Risiken von Paarbeziehungen heute

> Lass Liebe auf uns regnen,
> lass es gießen und uns segnen,
> lass uns immer neu begegnen,
> lass es immer so sein.
>
> REINHARD MEY

Lass Liebe auf uns regnen

»Zwischen uns hat's gefunkt« oder »es hat mich wie ein Blitz getroffen« – so beschreiben Menschen die Situation, in der sie sich verliebt haben. Oder sie behelfen sich zur Umschreibung dieses wunderbaren Moments mit einem griechischen Mythos: Amor hat einen seiner Pfeile abgeschossen und getroffen. Das Gemeinsame all dieser Bilder ist die Vorstellung, dass uns Verlieben passiert, quasi zustößt. Wir sind zwar aktiv dabei, befinden uns aber in einem Strom der Natur, der unsere Rationalität an die Seite stellt. Dass dabei komplizierte psychobiologische Mechanismen am Werk sind, erforscht zwar die Wissenschaft mit wachsendem Interesse, aber im Moment des Verliebens ist uns dieses Zusammenspiel von Reizen, Hormonen und Instinkten – glücklicherweise – verborgen.[1] Wir sind so voll und ganz von einem anderen Menschen und unseren Gefühlen vereinnahmt und die ablaufenden Prozesse in Körper und Seele sind so komplex, dass sie unmöglich zu überschauen, geschweige denn steuerbar sind.

Ein bisschen Wunder bleibt also erhalten; wir sehen Schicksal und Vorsehung am Werk, und vielleicht hilft dieser Zauber des Anfangs über die profanen Probleme des Alltags hinweg.

Leider gibt es auch eine Kehrseite der Medaille. Denn mit der Erfahrung von Wunder und Zauber werden die Erwartungen an den Partner und die Vorstellungen von intensiver Liebe überfordernd hoch angesetzt. Aber dazu kommen wir später.

Unsere Sprache beschreibt die Liebe mit sehr plastischen Bildern als himmlische Macht, das Gefühl des Verliebtseins als Schweben auf Wolke sieben und

---

1 Kast, Bas: Die Liebe und wie sich Leidenschaft erklärt, Frankfurt 2004, 24–73.

dass der Himmel voller Geigen hängt … Die Verbindung zum Himmel, zu etwas Göttlichem ist sprachlich vielfach verankert. Die irdische Verbindung eines Paares wird verknüpft mit einer höheren Macht und weist so über die Welt hinaus.

Lass es gießen und uns segnen
Spontan fällt Katholiken bei diesem Satz die Besprengung der Gemeinde mit Weihwasser durch den Priester ein. Kinder erhoffen möglichst viel von diesem spürbaren Segen zu ergattern nach dem Motto »je nasser, desto besser«.
Die Bitte in der Überschrift, dass es mehr als regnen, sogar gießen solle, drückt den Wunsch und die Hoffnung auf üppige, segensreiche Fülle von oben aus, für sich als Paar und darüber hinaus (die Assoziation Fruchtbarkeit drängt sich geradezu auf), und findet ihren Ausdruck in der Feier der Hochzeit.
Der christliche Transzendenzbezug am Beginn einer Partnerschaft ist in der Trauung angezielt und rituell stark ausgestaltet. Die irdische Bindung als Sakrament, als Symbol für die Verbindung Gottes mit der Glaubensgemeinschaft, findet darin ihre Form, wobei bei vielen Paaren eher der Wunsch nach Segensfülle im Vordergrund steht als die Idee des Sakraments. Gleichwohl schafft das kirchliche Ritual eine Bindung, die sich als tragfähiger erweist als eine bloß standesamtliche Zeremonie.[2]

Lass uns immer neu begegnen
Partnerschaft ist nichts Statisches, sie wird nicht einmal geschaffen und bleibt dann bestehen, »bis dass der Tod euch scheidet«. Diese Bindung ist viel aufregender, positiv wie negativ, ständigen Veränderungen unterworfen, den individuellen und kollektiven Entwicklungen des Lebens entsprechend. Hans Jellouschek bezeichnet die bei den meisten Paaren erkennbaren Lebensphasen als die »vier Jahreszeiten der Liebe«, und dieses Bild könnte treffender nicht sein.[3]

---

2   Eine kirchliche Heirat verringert das Scheidungsrisiko um 39 %, da a) religiöse Menschen eher gegen Scheidung eingestellt sind und b) sakrales Ritual und großes Fest den sozialen Druck zusammenzubleiben erhöhen (Gerbers, Frank: Welche Ehe hält wie lange? In: Focus Nr. 10, März 2003, 132/3).
3   Jellouschek, Hans: Jahreszeiten der Liebe. Entwicklungsphasen und Entwicklungsaufgaben in der Paarbeziehung. In: Fachbereich Ehe und Familie der Diözese Rottenburg-Stuttgart (Hg.): Dokumentation zum Kongress Wendezeiten. Lebensübergänge von Paaren und Familien begleiten, Stuttgart 2003, 7.

Liebe als eine Himmelsmacht, die nicht vom Himmel fällt – die Lebensaufgabe eines Paares

Partnerschaft zu gestalten, sogar gestalten zu müssen, als eine lebenslange Aufgabe, wirkt nach der Erfahrung des Beschenktwerdens im Moment des Verliebens besonders fremd, ernüchternd und vielleicht sogar enttäuschend. Gemeinhin existiert die Hoffnung, man oder frau müsse nur den richtigen Partner, die richtige Partnerin finden, dann läge einem das Glück zu Füßen. Tatsächlich aber ist es eine der größten Herausforderungen in einer Beziehung zu akzeptieren, dass der Partner alles andere als perfekt ist, obwohl er in der Phase der Verliebtheit so erschienen ist. Nichtsdestotrotz haben Paare mit einer ausgeprägten Verliebtheitsphase eine bessere Voraussetzung, die Herausforderungen der Partnerschaft zu meistern; das »Wunder«bare scheint eine gute Basis auch für schwierigere Situationen zu sein.

Doch selbst wenn die Partner gut zueinander passen, muss die Beziehung durch alle möglichen Abschnitte des Lebens hindurch immer wieder neu gestaltet werden – eine lebenslange Aufgabe, die manche Krise mit sich bringt, aber auch eine lebenslange Chance, die Partnerschaft immer mehr zu etwas Eigenem zu formen.

Zeiten, in denen sich das Zusammenleben eingependelt hat, wechseln mit konflikthaften und schwierigen Phasen, die Veränderungen einfordern und meist als Krisen erlebt werden. Auf manche dieser Lebensübergänge kann sich ein Paar vorbereiten (z. B. mit einem Geburtsvorbereitungskurs auf die Geburt eines Kindes), weil sie bekannt und unter bestimmten Umständen zu erwarten sind. Andere Krisen wie Krankheit und Arbeitslosigkeit können aus heiterem Himmel kommen und treffen deshalb besonders hart.

Eine Beziehung, die in der Bilanz als zufriedenstellend erlebt wird, kann manchmal anstrengend sein bis hin zur Verzweiflung: Durststrecken werden durchlebt, die Partner fühlen sich kurz vor dem Ende und entdecken dann überrascht, wie glücklich sie plötzlich wieder miteinander sind und wie sehr der oder die andere Heimat bietet. Dass das Zusammenleben gut und richtig ist, muss immer wieder als Gewissheit aufleuchten.

Das Wissen um schwierige Phasen, in denen Hilfe von außen notwendig werden kann, ist das notwendige Korrektiv, um mit dem hohen Anspruch einer romantischen Liebe überhaupt leben zu können, zumal sich die gemeinsame Zeit mit der steigenden Lebenserwartung stetig erhöht. Die undankbare Aufgabe, ein verliebtes Paar zu desillusionieren, sie auf die schwierigen Abschnitte

vorzubereiten, die auf sie zukommen werden, ist zwar ein mühsames Unterfangen, aber als Prophylaxe bitter notwendig.
Gleichsam als Prämie für alle Bemühungen der Partner dürfen glückliche Paare auf eine höhere Lebenserwartung hoffen.[4] Gelingende Partnerschaft hat also auch positive Auswirkungen auf unsere Gesundheit.

Liebe im Alltag erden – aller Anfang ist schwer
Dass sich der Beginn des Zusammenlebens schwierig gestaltet, ist das Erleben vieler Paare. Gerade noch »Hoch-Zeit« – auch ohne Hochzeit – landen sie unsanft im Alltag. Zwei mehr oder weniger explizit formulierte Lebensentwürfe müssen auf einen gemeinsamen Nenner gebracht werden. Zwei unterschiedliche Familien-, Milieu-, womöglich sogar Kulturhintergründe bilden die Folie für den neu zu gestaltenden, gemeinsamen Weg. Unsere individualisierte Gesellschaft, in der theoretisch jedes Paar seine Beziehung nach eigenem Gutdünken gestalten kann und muss, weil Rollen nicht mehr festgelegt sind und Vorbilder selbst gewählt werden können, bietet eine große Freiheit (für die, die damit umgehen können) und wenig Orientierung und Halt.
Wie viel Gemeinsamkeit ist für die jeweilige Partnerschaft notwendig? Wie viel Individualität verträgt sie? Wie sieht die Rollenverteilung aus?
Diese und ähnliche Fragen stellen sich im konkreten Alltag. Und auf alle muss das Paar seine Antwort selbst finden, untereinander aushandeln und immer wieder neu den wechselnden Erfordernissen anpassen. Je größer dabei die Ähnlichkeit beider Partner in Einstellungen und Zielen ist, desto geringer ist das Trennungsrisiko.
Die Bilder in unserer Gesellschaft, die ein erstrebenswertes Ideal von Partnerschaft skizzieren, sind als Maßstab für eine glückliche Beziehung meist ungeeignet, da sie sich eher am Verliebtsein orientieren als an der Liebe, die ihren Platz im Alltag hat. Sie wirken aber trotzdem und nicht wenige Paare scheitern an überzogenen Vorstellungen, die so wenig mit der enttäuschenden Realität zu tun haben.
Um einem ständig überfordernden Entscheidungszwang entgegenzuwirken, sind Regeln, Rollen und festgelegte Abläufe hilfreich. Hier ist auch der Ort für Alltagsrituale, die sich allmählich entwickeln können: Morgen- und Abendrituale, die Wochenendgestaltung, Feste feiern im Jahreskreis und in den Her-

---

4 Martenstein, Harald: Vom Wesen der Liebe. In: Geo 12/2002, 86–108, hier 98.

kunftsfamilien, konstruktives Streiten und Versöhnungsrituale geben dem gemeinsamen Alltag Struktur und machen die Bindung aneinander erfahrbar. Eher in der Theorie, weniger in der Praxis stellt sich die Frage: Warum haben gerade diese beiden Personen zu einer Partnerschaft zusammengefunden? Welche, auch unbewussten Hoffnungen bringen sie aus ihrer Lebensgeschichte mit? Die Wissenschaft hat sich zwar um diesbezügliche Erkenntnisse bemüht, aber nach wie vor beschäftigen sich Paare wenig mit diesen Hintergründen und finden sich eher »zufällig«, weshalb Fthenakis von einem »unstrukturierten Heiratsmarkt« spricht.[5] Das Scheidungsrisiko sinkt, je später das Paar heiratet. Je länger also die Suche nach einem passenden Partner verlief oder je mehr Zeit des Prüfens verging, desto besser scheint die getroffene Wahl.[6]

»Seid gesegnet in euren Kindern«
Wenn aus Partnern Eltern werden, dann zeigt sich, wie es um die Beziehung bestellt ist. Der Stress mit einem Baby – wie Stress überhaupt – bringt die Knackpunkte der Bindung zum Vorschein. Und so ist die Bewältigung dieser Krise für den weiteren Verlauf der Ehe prognostisch sehr aussagekräftig.
Die Partnerschaft muss sich auf das Kind hin öffnen und neu gestaltet werden. Die Bezogenheit aufeinander, oft auch die Sexualität, verändern sich, Bindungen der Partner zum Kind entstehen, die sehr unterschiedlich sein und vom jeweils anderen als Konkurrenz erlebt werden können. Häufig hat der Mann das Gefühl, ausgeschlossen zu sein, während sich die Frau mit allen Unsicherheiten um das Baby allein gelassen fühlt.
Viele Mütter geben ihre Berufstätigkeit zumindest zeitweilig auf, was eine enorme psychische und soziale Umstellung bedeutet. Der Verlust des Kollegenkreises, die fehlende Anerkennung der täglichen Mühen und die Umstellung in der Art der Arbeit (mit einem kleinen Kind ist ein am Ergebnis orientiertes Arbeiten wie im Beruf nicht mehr möglich), all das sind überraschende und herbe Einschnitte. Da in der Schwangerschaft die Freude auf das Baby im Vordergrund steht, werden die damit einhergehenden Umstellungen gedanklich wenig in den Blick genommen. Meist verändert sich in der Elternzeit auch die Aufgabenverteilung im Haushalt in eine eher traditionelle Richtung, was

---

5   Fthenakis, Wassilios: Kinder – Stress für die Liebe. In: Focus Nr. 19, Mai 1999, 86–98, hier 95.
6   Gerbert, Frank: Welche Ehe hält wie lange? In: Focus Nr. 10, März 2003, 132.

es für die Frauen zusätzlich schwer macht und Unzufriedenheit mit sich bringt. Auch das Gefühl einer verlorenen Unabhängigkeit kann belasten.[7]

Daneben ist aber das Erlebnis der Geburt und das Aufwachsen eines kleinen Kindes eine emotional dichte Schöpfungserfahrung, die auch Eltern, welche dem Glauben distanziert gegenüber stehen, zutiefst berührt und nach Antwort verlangt. Zu danken und um Segen für das kleine Wesen zu bitten wird zum inneren Bedürfnis, das in der Taufe seinen Ausdruck finden kann.

Während der gemeinsamen Jahre mit den Kindern bleibt es eine wichtige Aufgabe, zwischen der Sorge um die Kinder einerseits und der Zeit und Energie für die Partnerschaft andererseits abzuwägen. Hier droht die Gefahr, dass die verschiedenen Welten, in denen Mann und Frau zu Hause sind (Berufs- und Familienwelt), auseinanderdriften und das Paar sich entfremdet. Dringend raten deshalb Paartherapeuten zu einem gemeinsamen Abend pro Woche exklusiv für das Paar, denn Kinder verlängern zwar die Dauer einer Beziehung, verschlechtern aber auch ihre Qualität.[8]

Ein neuer Anfang als Paar – und wo bleibt der Segen?

Die Lebensmitte, in der Menschen Bilanz ziehen, das Vergangene resümieren, um Weichen für die verbleibende Zukunft zu stellen, fällt oft mit der Zeit zusammen, in der die Kinder das Haus verlassen. Die Erkenntnis eines ungelebten Lebens und die flügge werdenden Kinder, die nicht mehr als Basis der Verbindung herhalten müssen, können die Beziehung in ihren Grundfesten erschüttern. Dies ist die Phase mit der zweithöchsten Scheidungsrate.

Doch auch ohne Trennung stehen vor allem für die Frauen tiefgreifende Veränderungen an. Einige versuchen nach der Familienzeit einen Wiedereinstieg in den Beruf, andere intensivieren ihr berufliches Engagement oder engagieren sich verstärkt auf ehrenamtlicher Basis.

In dieser Lebensphase haben die Partner die Aufgabe, sich als Paar ohne Kinder im Haushalt neu zu finden, wobei alternde Körper, eine veränderte Sexualität und ein zunehmendes Krankheitsrisiko das Zusammenleben stark verändern können.

Die Vorbereitung auf den Ruhestand mit zwanzig bis dreißig noch zu erwartenden Jahren wird immer wichtiger, folgt hier doch eine lange Phase, in der

---

7 Martenstein, Harald: Vom Wesen der Liebe. In: Geo 12/2002, 86–108, hier 98.
8 Ebd. 98.

die Beziehung wieder im Mittelpunkt steht – erstaunlicherweise vielleicht die längste gemeinsame Zeit als Paar.

Leider werden die Übergänge dieser Lebensphase weder gesellschaftlich noch kirchlich gewürdigt; es existiert kein offizielles Ritual und keine begleitende Feier, obwohl in dieser Zeit eine Vergewisserung der Beziehung und Würdigung des Geschaffenen äußerst hilfreich wäre.

Lass es immer so sein!
Liebe strebt nach Dauer, aber die Widrigkeiten, denen Paare auf ihrem Lebensweg ausgesetzt sind, sind schwierige Herausforderungen. Angesichts dieser »Hürden« liegt die Frage nahe, welche Fertigkeiten zur Bewältigung notwendig sind, womöglich sogar für beide gewinnbringend.

Gesprächskultur entwickeln

Die wirksamste Hilfe für ein Paar auf seinem Weg durchs Leben ist die Einübung des gemeinsamen Gesprächs. Über die Organisation des Alltags hinaus wird jedes Paar eine Menge zu besprechen haben, viele Entscheidungen fällen müssen oder manchen Konflikt klären. Paartherapeuten raten zu einem bewusst vereinbarten Gesprächstermin pro Woche. Es empfiehlt sich, einen festgelegten Zeitraum einzuhalten, Störungen auszuschalten und sich einen angenehmen Rahmen zu schaffen. Dann kann jede/r einfach erzählen, was ihn oder sie gerade beschäftigt, oder es können in Ruhe und ohne akuten Streit Probleme besprochen und gelöst werden. Wichtig ist, sich auf persönliche Themen und die Beziehung zu konzentrieren; so lernen sich die Partner immer besser kennen. Diese Termine können (Über)Lebensquell für die Partnerschaft sein![9]

Kommunikation verbessern

Sich gut zu verständigen, ist die Voraussetzung dafür, dass tragfähige gemeinsame Entscheidungen möglich sind. Eigene Wünsche, Vorstellungen und Bedürfnisse so zu äußern, dass der Partner sie verstehen kann, kann man lernen! Ein Gesprächstraining für Paare, das sich in der begleitenden Forschung als äußerst wirksam erwiesen hat, ist EPL bzw. KEK (**E**in **P**artnerschaftliches **L**ernprogramm wendet sich eher an jüngere Paare, während **K**onstruktive **E**he

---

9 vgl. Moeller, Lukas: Die Wahrheit beginnt zu zweit. Reinbek 1997.

und **K**ommunikation für die Erfordernisse einer Partnerschaft mit Geschichte konzipiert ist). Beide Trainings sind wissenschaftlichen Untersuchungen zufolge in der Lage, in einem sehr überschaubaren Zeitrahmen das eingefahrene Kommunikationsmuster eines Paares positiv zu verändern. Wissenschaftliche Untersuchungen beweisen auch, dass es funktioniert.[10]

In der genialen Reduzierung des komplexen Gesprächsverlaufs auf fünf Hörer- und fünf Sprecherregeln, die im Kurs erlernt und geübt werden, wird den Paaren ein handhabbares Instrumentarium zur Verfügung gestellt. Sie lernen, sich im Gespräch besser mitzuteilen und zu verstehen, wodurch destruktiver und eskalierender Streit verhindert wird, und sie erfahren, wie Probleme konstruktiv gelöst werden können. Dadurch wächst obendrein das Vertrauen, sich aufeinander verlassen zu können, was Sicherheit im Streitfall und für unvermeidliche Durststrecken bietet.

VERZEIHEN UND SICH VERSÖHNEN

In einer langjährigen Beziehung bleiben kleinere und größere Verletzungen nicht aus. Nicht immer gelingt es, ein Versäumnis oder eine Schuld zu korrigieren und damit wieder gut zu machen. Manchmal ist die Liebe verletzt und eine innere Aussöhnung kann nur durch Vergeben erreicht werden.

Spätestens wenn es bei Kleinigkeiten immer wieder zu ernsthaften Kränkungen kommt, muss sich der Einzelne fragen, ob da nicht eine größere, grundsätzlichere Verletzung dahinter steckt. Dann kann es notwendig werden, das Thema in einem ruhigen Gespräch ohne Vorwürfe (auch mit einem professionellen Dritten) aufzugreifen und aus der Blickrichtung beider Betroffener zu beleuchten mit dem Ziel, die Situation des jeweils anderen zu verstehen.

Eine Verletzung kann nur der Verletzte aus der Welt schaffen, indem er verzeiht und sich so von seinen negativen Gefühlen entlastet. Und verzeihen geschieht leichter, wenn der andere eingesteht, dass etwas falsch gelaufen ist und dass es ihm leid tut. Verzeihen können und um Verzeihung bitten müssen in Worte gefasst werden. Ein Handschlag oder ein anderes Ritual vielleicht sogar ein Fest besiegeln, dass Versöhnung geschieht.

---

10 vgl. Engl, Jochen, Thurmaier, Franz: Wie redest du mit mir? Fehler und Möglichkeiten in der Paarkommunikation. Freiburg 1992.

Dem Stress begegnen

Stress als Auslöser für Unverständnis und manchen Streit ist der Beziehungskiller Nr. 1. Immense Anforderungen in der Arbeit, hohe Ansprüche an die Erziehung der Kinder usw. bringen die Einzelnen an den Rand ihrer Kräfte. Sie können zu psychischen oder gesundheitlichen Problemen führen, verschlechtern die Kommunikation und erst recht die Sexualität. Ein achtsamer Umgang mit Stress in der Familie ist darum wesentlich für die Zufriedenheit mit der Partnerschaft.

Oft hoffen Paare, dass ihnen ihre Beziehung einen Ausgleich für den Stress im Beruf oder mit den Kindern schenkt, und sind dann doppelt enttäuscht, wenn sie feststellen, dass auch die Partnerschaft Pflege und somit Energie kostet. In bestimmten Lebensabschnitten – mit kleinen Kindern beispielsweise – haben Paare oft keine andere Wahl als zu funktionieren, doch gilt es, den Zeitpunkt nicht zu verpassen, an dem die Beziehung wieder im Fokus der Aufmerksamkeit stehen muss. Kein Bereich – weder Kinder, Partner, Arbeit oder die eigene Person – darf durchgängig vernachlässigt werden.

Stress muss zwar dort gelöst werden, wo er entstanden ist, aber zum Stressabbau oder als Ausgleich helfen angenehme kreative, soziale, kulturelle oder körperliche Aktivitäten. Es empfiehlt sich, eine Liste möglicher Aktivitäten bereit zu halten, die einzeln oder als Paar angegangen werden können.[11]

Oasen für die Liebe

Angenehme Unternehmungen zu zweit sind Oasen für die Partnerschaft, mit denen man auftanken kann. Aber auch Zeiten und Zeichen, die ihren festen Platz im Alltag haben, sind Tankstellen und geben Halt und Sicherheit. Der bewusste Kuss am Morgen, die Versöhnungsgeste nach einem Streit, das Feiern des Hochzeitstages sind kleine Alltagsrituale, deren tieferer Sinn über eine bloße Gewohnheit hinausgeht. Sie dienen der Selbstvergewisserung und zeigen: Auch wenn es gerade stressig zugeht, ist unsere Gemeinsamkeit gut! Im Entwickeln solcher liebevollen Paarrituale im Alltag sind der Fantasie keine Grenzen gesetzt.

Auch Zärtlichkeit und Sexualität sind Kraftquellen für die alltäglichen Herausforderungen und zugleich Orte, an denen immer wieder ein Stück Himmel

---

11 Vgl. Bodemann, Guy: Stress und Partnerschaft. Gemeinsam den Alltag bewältigen. Bern, Göttingen, Toronto, Seattle 2000.

aufblitzt, und das Geschenk der Beziehung ähnlich wie an ihrem Anfang erfahren wird. Dann kann die Beziehung zu einer Gotteserfahrung werden, zu einem Ort seiner Gegenwart, ebenso wie im gemeinsamen Gebet und im Austausch religiöser Erfahrungen. Denn beides, das spirituelle und das sexuelle Miteinander, sind das Intimste, was Menschen miteinander teilen und zusammen erleben können.

Als Paar nicht allein
Heutzutage sind Paare und Familien oft weit weg von der Herkunftsfamilie auf sich alleine gestellt. Besonders im Alltag mit Kindern ist man aber immer wieder mal angewiesen auf ein unterstützendes Netz von Verwandten, Freunden und Nachbarn. Auch für die Partnerschaft können andere Paare eine wichtige Funktion übernehmen. Zu erfahren, dass andere sich mit ähnlichen Problemen herumschlagen – die offensichtlich nicht individuell sind, sondern mit der Lebenssituation zu tun haben – oder zu merken, dass sich Situationen mit dem Älterwerden der Kinder ganz schnell verändern können, lässt die eigenen Schwierigkeiten in einem anderen Licht erscheinen. Orte, an denen sich Paare treffen und austauschen, sind Möglichkeiten zu Solidarität und zur gegenseitigen Unterstützung. Dies können Familienkreise in der Gemeinde sein oder auch entsprechende Krabbelgruppen.
Jedes Paar kann in die Situation kommen, dass es der Unterstützung und fachkundigen Hilfe von außen bei der Bewältigung ihrer Schwierigkeiten bedarf. Es ist nicht ehrenrührig, sich Beratung zu holen, damit das partnerschaftliche Miteinander besser gelingt – es zeigt im Gegenteil, wie wichtig den Beteiligten die Partnerschaft ist.
Trotz aller Bemühungen bleibt das Ergebnis offen; es gibt kein Rezept für das Gelingen einer Partnerschaft, auch wenn manche Zutaten bekannt sind. Denn neben allen Regeln und allen Anstrengungen ist Glück vonnöten beziehungsweise – religiös formuliert – Segen. Um den kann man bitten, doch letztlich bleibt er ein Geschenk!

Literaturhinweise:
Cöllen, Michael: Rituale für Paare, Stuttgart 2003.
Jellouschek, Hans: Wie Partnerschaft gelingt – Spielregeln der Liebe, Freiburg/Basel/Wien 1999.

Jellouschek, Hans: Achtsamkeit in der Partnerschaft. Was dem Zusammenleben Tiefe gibt, Stuttgart 2011.
Jellouschek, Hans: Von der Liebe ergriffen, Hünfelden 2011.
Psychologie heute compact: Der Alltag der Liebe. Wie Partnerschaft gelingen kann. Heft 7 (2002).
Retzer, Arnold: Lob der Vernunftehe. Eine Streitschrift für mehr Realismus in der Liebe, Frankfurt a. M. 2009.

Johanna Rosner-Mezler

Am größten aber ist die Liebe

Gottesdienste und Feiern zur Hochzeit

Trauungsgottesdienste zu biblischen Erzählungen

Jakobs Traum

• • • • • • • • • • • • •

Schrifttext
Gen 28,10–22   Jakobs Traum

Ansprache
Vielleicht sind Sie ja schon einmal des Nachts unterm Sternenhimmel gelegen und haben von Ihrer Zukunft geträumt, davon, wie Ihr gemeinsames Glück aussehen könnte – ein Glück weit wie der Himmelsraum und leuchtend wie die Sterne. Vielleicht haben Sie ja auch ein kleines Andenken an dieses Erlebnis: einen Stein oder eine Muschel oder einfach ein intensives Bild in ihrer Erinnerung …
In früheren Zeiten errichtete man Steinmale, um sich an die Orte zu erinnern, an denen sich etwas Besonderes ereignete. Das waren die Anhaltspunkte, um sich die Geschichten immer wieder neu zu erzählen und sie so in die Gegenwart zu holen, zum Beispiel in Bet-El. Dort hatte Jakob seinen wunderbaren Traum gehabt.
Ihm träumte: »Da, eine Leiter gestellt auf die Erde, ihr Haupt an den Himmel rührend, und da, Boten Gottes steigen auf, schreiten nieder an ihr. Und da stand Er über ihm … So übersetzt Martin Buber und lässt uns dabei etwas von der Eigenwilligkeit des hebräischen Urtextes erahnen. Eine Leiter, die Himmel und Erde verbindet. Fast wird die Leiter zur Person und wird zum Bild Gottes, der sich über den schlafenden Jakob herabbeugt wie eine Mutter zu ihrem Kind. In der Unendlichkeit der Nacht wendet sich Gott dem Jakob zu und verheißt ihm die überfließende Fülle seines Segens: Land, Nachkommen und die Zusage seiner Begleitung.
Das sind auch gute Segenswünsche für eine Ehe. Land – das bedeutete damals die Voraussetzung, um als Bauer oder Viehhirte zu überleben. Aber Land ist viel mehr. Wer Land hat, kann sich entfalten, sich ausbreiten – hat überhaupt genug Luft zum Leben und muss nicht in sklavischer Abhängigkeit als Taglöhner sein Dasein fristen. »Ich gebe euch das Land, auf dem ihr steht« – so könnte

man den Segen auf Sie, liebes Brautpaar, übertragen. Unsere gesamte Existenz verdanken wir letztlich Gott. Und Sie dürfen sie sich nun gegenseitig schenken. Sie verbinden heute feierlich Ihr Leben. Sie legen zusammen, was bisher jedem zu Eigen war. Das wird Ihren Lebensraum erweitern und bereichern. Und Sie können in Zukunft dafür Sorge tragen, dass Ihr Partner sich entfalten kann und genug Luft zum Atmen hat. Messen Sie Ihr Land – also Ihr gemeinsames Leben – nicht zu eng aus, Gott schenkt Ihnen weiten Raum. Gönnen Sie sich die Weite eigener Interessen und Freunde, erkunden Sie die Tiefe Ihrer Innenräume, trauen Sie sich, in Ihrer Persönlichkeit zu wachsen und sich zu entfalten. So eröffnen Sie den Raum, in dem sich der zweite Segenswunsch erfüllen mag.

Möge Ihre Liebe fruchtbar sein! Möge Sie das Glück aus Kinderaugen anlachen! Der Segen, den Sie mit der kirchlichen Trauung für Ihr gemeinsames Leben erbitten, gilt ja gerade auch Ihrer Zukunft als Familie. Wenn wir so ein kleines Kind im Arm halten, dann spüren wir, wie wenig selbstverständlich das Geschenk des Lebens ist, wie schutzbedürftig. Und dieses kostbare Gut wollen wir Gott anvertrauen. Ihre Ehe wird jedoch nicht nur in gemeinsamen Kindern fruchtbar sein, sondern in allem, was Ausdruck Ihrer gegenseitigen Liebe ist. Liebe ist kreativ. Wer nur einen Status quo von romantischen Gefühlen konservieren will, muss oft feststellen, dass die Liebe dadurch verkümmert. Liebe muss wachsen und reifen, sonst stirbt sie. Und Liebe verändert sich, so wie sich unser Leben verändert.

Es ist manchmal für junge Paare erschreckend zu sehen, was aus der einstigen Liebe bei älteren Paaren geworden ist: Gewöhnung, Langeweile, Kälte. Aber es gibt für Sie beide sicher auch positive Erfahrungen. Paare, die ihre Liebe bewahren und vielleicht sogar vertiefen konnten. Wo die Anforderungen des realen Lebens zwar manche romantische Illusion weggeschwemmt haben, wo aber zugleich die Achtung und die Zärtlichkeit füreinander dadurch geerdet wurden. Liegt es an uns, liegt es an Ihnen, wohin sich Ihre Liebe entwickelt? »Ich da bin bei dir, ich will dich hüten, wo all hin du gehst, ich will dich heimkehren lassen zu diesem Boden, ja, ich verlasse dich nicht, bis dass ich tat, was ich zu dir geredet habe.« So spricht Gott zu Jakob. Und das verspricht er auch Ihnen. Gehen müssen Sie schon selber, immer wieder aufeinander zugehen, sich umeinander mühen und auch gemeinsam Schritte in die Zukunft wagen. Aber Gott geht mit Ihnen. Er begleitet Sie mit seinem Zutrauen in Ihre Liebeskräfte und er sagt Ihnen seine Kraft zu, wenn Ihre Kräfte erlahmen. Er ist da in all den wunderbaren Erfahrungen Ihres gemeinsamen Lebens und er teilt auch Ihre verzweifelten Stunden. Er wird die Krisen nicht von Ihnen fernhalten, aber Sie können bei ihm die Kraft finden, sie zu meistern.

Jakob hat das erfahren. Auch wenn vieles ganz anders lief, als er sich das einmal vorgestellt hatte. Erst versuchte sein Onkel, ihn als billige Arbeitskraft auszubeuten. Dann wurde ihm bei der Hochzeit die falsche Braut untergeschoben und seine Lieblingsfrau blieb schließlich lange kinderlos … Aber Jakob hat im Laufe seines Lebens begriffen, dass Gott Wort gehalten hat. Er bekam Land, eine große Familie und kehrte am Ende sogar in seine Heimat zurück, um sich mit seinem einst auf den Tod verfeindeten Bruder auszusöhnen. Wer sich auf einen anderen Menschen einlässt, der gerät auch in die Schattenbereiche menschlicher Gefühle: Neid, Eifersucht, Wut, verletzter Stolz, Ohnmacht, ja manchmal sogar Hass. Und er gerät in die Schattenbereiche seiner eigenen Seele. Aber gerade hier an diesem dunklen Ort kann er Gott begegnen. So hat es Jakob erfahren in der Nacht am Jabbok, als er mit Gott kämpfte.

Und was bedeutet das, eine Ehe mit Gott zu leben? Ihr persönlicher Weg mit Gott hat ja schon viel früher begonnen, er war je eigen, vielleicht auch ganz unterschiedlich geprägt. (Evtl. Beispiele anfügen.) Ich möchte Sie ermutigen, sich gegenseitig davon zu erzählen. Das Brautgespräch war vielleicht ein Impuls dafür. Solche Gespräche müssen die Hürde des Ungewöhnlichen nehmen, da geht es nicht um Alltagsfloskeln, sondern um Ihre ganz persönlichen Erfahrungen und Gedanken. Aber es lohnt sich zu wissen, worin Ihr Ehepartner seinen tragenden Grund hat, was Ihrer Ehepartnerin heilig ist. Anstöße von außen können dazu eine Hilfe sein, ein gemeinsamer Gottesdienstbesuch etwa oder eine gemeinsam besuchte religiöse Veranstaltung.

Die Beziehung zu Gott wird im Gebet lebendig. Lassen Sie den Draht zu Gott nicht abreißen. Vielleicht können Sie auch gemeinsam beten – bei Tisch oder beim Schlafengehen oder wenn Ihr Herz voll ist … Muten Sie sich ihm zu. Er sucht unser Herz, nicht eine glatte Fassade. Suchen Sie in Ihrer Ehe seine Spur. Das kann man wunderbar in der Bibel und gerade von den Menschen des Alten Testaments lernen wie z. B. von Jakob, der Gott in und trotz aller Verwirrungen seines Lebens entdeckt hat.

Bewahren Sie die besonderen Momente Ihrer Liebe in Ihrer Erinnerung lebendig. Jakob hat seinem Gott am Ort seines nächtlichen Traums einen Altar errichtet. Sie werden sicher viele Bilder und Erinnerungsstücke an diesen heutigen Tag aufbewahren. Legen Sie in ein besonders wertvolles Kästchen all Ihre

Gefühle und Sehnsüchte hinein und nehmen Sie sie immer wieder einmal heraus – vielleicht am Hochzeitstag. Was hat sich schon erfüllt, was steht noch aus, von was müssen Sie sich vielleicht verabschieden? Und ich hoffe und wünsche Ihnen, dass Sie dann entdecken können, dass Gott ihren Weg mit seinem Segen begleitet.

Fürbitten
Segensreicher Gott, du stehst mit deiner Verheißung auch über dem Leben von N. N. und N. N. Dir können wir anvertrauen, was uns bewegt:
– Du segnest uns mit der Fülle von Land und Raum. Wir bitten dich um weites Land für N. N. und N. N., dass sie unter deinem Segen wachsen und sich entfalten können und mit offenem weitem Herzen füreinander zum Segen werden.
– Du verheißt uns den Segen reicher Nachkommenschaft. Wir bitten dich, dass die Liebe von N. N. und N. N. weiterlebe in ihren Kindern und in dem, was reich und reichlich zwischen ihnen wächst und entsteht.
– Du gibst uns die Zusage deiner Begleitung. Wir bitten dich, N. N. und N. N. zu begleiten, dass sie deine Nähe spüren in guten und in schlechten Tagen und dein Zutrauen in ihre Kraft und Liebe ihre Schritte stärke.
– Du schenkst uns auf Erden den Traum vom Himmel. Wir bitten dich, säe deinen himmlischen Traum in unsere Herzen und segne uns alle mit Hoffnung, Vertrauen und Liebe.
Treuer Gott, du verlässt uns nicht mit deinem überfließenden Segen, der uns leben lässt. An diesem segensreichen Tag lassen wir unsere Herzen dankbar überquellen und preisen dich für alle Zeiten.

Gebet
Gott
dein geschenk ist es
wenn zeit sich so verdichtet
wie in den stunden, die hinter uns liegen
weil spürbar wird, was unser leben trägt:
deine gegenwart
deine zärtliche und heilende
befreiende und herausfordernde
leben weckende und schützende nähe

die greifbar, sichtbar, spürbar wird in der liebe
dieser beiden menschen

wir brauchen solche hoch-zeiten
wir brauchen aber auch deine nähe
für jeden moment unsres lebens
und so bitten wir dich am ende dieser feier
um deinen segen
für diese beiden
und für uns alle

gott segne die stunden
die vor euch liegen
damit ihr von ganzem herzen feiern könnt
dass es euch gibt
und dass ihr euch traut

gott segne die tage
die vor euch liegen
damit ihr aufregung und ärger
zurücklassen könnt
und erwartungsvoll aufbrechen in neues

gott segne die wochen
die vor euch liegen
damit mit dem alltag
sich auch die kraft einstellt
ihn zu bestehen

gott segne die monate
die vor euch liegen
damit wächst, was euch verbindet
und ihr einander mehr und mehr
zum zuhause werdet

gott segne die jahre
die vor euch liegen
damit die gezeiten der liebe
euch nicht zu schrecken vermögen
damit ihr ebbe und flut
zu leben versteht

und gott
segne uns alle
damit uns
für viele stunden, tage, monate, jahre
eure liebe ein wichen wird
wie gott ist

KATJA SÜSS © BEI DER AUTORIN

Gestaltungselement

Am Ende der Ansprache ist ein wertvolles Kästchen angesprochen, das als Traumkästchen die Gefühle, Sehnsüchte, Erinnerungen, Träume des Brautpaares bewahren soll. Es wäre eine schöne Geste, wenn der Pfarrer oder der/die Predigende dem Brautpaar ein richtiges Kästchen überreichen könnte, in das diese auf Zettel oder mittels Symbole ihre Erinnerungen und Träume legen und auch immer einmal wieder herausnehmen können.

An die Gemeinde können »Traumsterne« (fluoreszierende selbstklebende Sterne) verteilt werden mit der Frage: Von welcher Sehnsucht träume ich? Diese werden als leuchtende Erinnerungszeichen mit nach Hause gegeben.

Mechthild Alber

Wer die Wahrheit liebt, muss die Liebe in der Ehe suchen, oder: Leben wagen – unter Gottes Schutz

Schrifttext
Ps 34,12–15   Unter Gottes Schutz

Ansprache
Kurz und bündig waren diese Worte des Psalms. Ihre Einfachheit hat Sie bei der Textauswahl und mich bei der Predigtvorbereitung fasziniert. Das Gute tun und das Böse meiden ...
Diesen knappen Worten stehen regalweise Bücher zu gelingender Beziehung und glückendem Leben in Buchhandlungen gegenüber. So einfach scheint das Leben, das Leben zu zweit, nun doch wieder nicht zu sein. Das wusste auch der Autor dieses Psalms. Diese Worte sind weder lebensfremd noch naiv. In ihrer Kürze steckt eine Tiefe, die etwas in unserem Inneren zum Klingen bringt.
Wer ist der Mensch, der das Leben liebt?, wurde in der Lesung gefragt. Nicht: der die Gesundheit liebt oder das Glück oder die Sicherheit oder einen Menschen. Sondern ganz umfassend: das Leben – mit allem, was dazugehört. Wir haben alle schon mehr oder weniger die Unsicherheiten und Gefährdungen des Lebens, vor allem auch in menschlichen Beziehungen erlebt. Mir gefällt daher die Rede von den Eheleuten als den »wahren Abenteurern«. »Wahre Abenteurer« sind für mich Menschen, die Aufbruch, Zukunft, die »Leben« wagen. Mittlerweile kann man im Reisebüro einen Abenteuerurlaub buchen, bei dem diverse, gut geplante Gefahren bestanden werden müssen – und wo im Notfall schnell ein Rettungsteam einfliegt. Das ist Nervenkitzel, kalkuliertes Risiko, Spiel – aber es ist nicht Leben.
Leben wird spürbar in echten Gefühlen, mit denen wir auf das, was auf uns »ohne doppelten Boden« im Leben zukommt, reagieren und mit denen wir agieren: Freude und Trauer, Hoffnung und Resignation, Stärke und Schwäche. Auch die dunklen Seiten gehören dazu. Es ist ein echtes Leben, wenn es nicht flieht vor diesem Dunklen oder es nicht verdrängt, es nicht übertüncht oder verleugnet. Ohne Beschönigung möchten Sie gemeinsam das Leben leben: keine Gefühle aussperren, sondern sie durchleben, annehmen und gestalten.
»Wer die Wahrheit liebt, muss die Liebe in der Ehe suchen, d. h. die Liebe ohne

Illusion«, so sagte Albert Camus. Sie wollen heiraten, das ganze Leben gemeinsam wagen. Sie machen mit Ihrer Liebe und Ihrer Hoffnung ernst. In guten und schlechten Tagen, in Gesundheit und Krankheit möchten Sie einander lieben und achten. Sie sagen gemeinsam Ja zu einem Leben, das die größten Hochgefühle und vielleicht eines Tages die größte Angst beinhaltet. Ganz bewusst haben Sie heute bei Ihrem Eheversprechen »das Leben«, wie es mit allem ist, was kommen mag, im Sinn. Sie gehen aufs Ganze – und ich bin überzeugt, dass Sie so das Leben haben und es in Fülle haben.

Sie sind »Menschen, die das Leben lieben« und »gute Tage« erleben möchten. Wir alle wünschen es Ihnen! Diese guten Tage zu fördern ist eine Aufgabe von uns: Gutes tun, Böses meiden. Was ist gut, was böse? Auch hier finden sich reihenweise Bücher. Auf dem biblischen Hintergrund ist das Leben der Maßstab. Was dient dem Leben, fördert es? Was verhindert, verneint das Leben? Im Blick auf die Ehe: Fördert es unsere Beziehung oder verhindert es Beziehung oder Wachsen der Beziehung? Ganz konkret gilt es, Formen in einer Partnerschaft zu finden, die solch ein Wachstum fördert. Das kann ein wöchentlicher »Sofaabend« sein, bei dem Telefon und Fernseher ausgesperrt bleiben und der so Zeit für gegenseitiges Erzählen bietet. Oder ein Spaziergang, bei dem man ganz leicht ins Reden kommt. Das Gespräch scheint, wenn man Umfragen glauben will, zu den Grundlagen von glücklichen Ehen zu gehören. Um die entscheidende Wirkung von Worten wusste auch der Psalmist, wenn er vor »falscher Rede« und bösen Aussagen warnt. Und auch Ungesagtes hat Wirkung! Nicht dass es Ihnen wie einem Paar geht, das seit über dreißig Jahren miteinander verheiratet war und die Frau einmal ihren Mann fragte, ob er sie noch liebe. Die Antwort lautete dann, dass das wohl schon noch stimme, wenn er in der Zwischenzeit nichts anderes gesagt habe.

Das Böse meiden – das meiden, was die eheliche Gemeinschaft klein und gering macht, sie behindert oder abwertet. Ist es ein Beruf, der den ganzen Menschen besetzt, sind es ausufernde Hobbys oder andere Beziehungen, die für den Partner, die Partnerin zu wenig Zeit übrig lassen? Oder ist es der unausgesprochene Imperativ »wir machen alles gemeinsam«, der letztlich zu wenig Raum in der Beziehung zum Leben gibt? Wenn die Balance fehlt zwischen dem, was der oder die Einzelne für sich braucht und was beide als Paar brauchen, dann ist das Leben in der Partnerschaft gestört.

Nehmen Sie Gefühle ernst und Ihr Gespür für das, was Leben und Ihr Leben zu zweit fördert oder verhindert, wird wachsen. Ich wünsche Ihnen von Herzen, dass Sie hier Ihren Weg gehen. So wird auch Ihre Sehnsucht nach Frieden, der am Schluss des Psalms angesprochen wird, wachsen. Frieden meint nicht nur die Abwesenheit von Krieg und Streit, sondern einen ganz tiefen, inneren Frieden, Seelenfrieden. Es ist einfach, sich auf eine Insel der Glückseligkeit zurückzuziehen oder sich mit Aktion und Konsum zufrieden zu geben. Aber es macht auf Dauer nicht zufrieden, schenkt nicht Seelenfrieden, weil es nicht das alles umfassende Leben ist. Den inneren Frieden nicht aus den Augen zu verlieren, sondern dem auf der Spur zu bleiben, was mich in diesem ganzen facettenreichen Leben im Lot sein lässt, das schenkt Leben, gutes Leben.

Nehmt das Leben mit all seinen Seiten an, setzt euch für das ein, was lebensfördernd ist, und versucht so in einem inneren Gleichgewicht zu bleiben. Das sind Anweisungen, wie ein Leben, eine Ehe, gelingen kann. Aber es sind auch Anforderungen, die viele Menschen, viele Paare überfordern.

Doch unser Psalm kennt auch eine himmelwärts gerichtete Linie. Mit all seinen Anweisungen will er die Furcht, die Ehrfurcht und Achtung vor Gott lehren. Dieser Gott wird in der ganzen Bibel als Gott des Lebens bezeugt: der Befreiung ermöglicht, sich für Gerechtigkeit und Barmherzigkeit ausspricht, der das Heil für die Menschen will. So ist kein menschliches Leben, auch nicht Ihre Partnerschaft, etwas Absolutes, sondern sie ist eingebettet in diesen großen, menschenfreundlichen Gott. So gibt es nicht nur das Einander-Ansehen. Sie können auch gemeinsam auf Gott schauen und fragen, was er sich für Sie beide wünscht. Dieser Gott, der sich mit dem Namen Jahwe vorgestellt hat, hat uns seine Nähe zugesagt. Und in besonderer Weise wird er mit Ihnen beiden im Bund sein und Sie auf Ihrem gemeinsamen Lebensweg begleiten. »Unter Gottes Schutz« – so lautet die nachträgliche Überschrift des heutigen Psalms. Und unter Gottes Schutz möge auch Ihre Ehe stehen.

Fürbitten

Dich, Gott des Lebens, der du uns Menschen liebst und uns deine Nähe zugesagt hast, bitten wir:
- Erhalte die Liebe von N. N. und N. N. in ihrer Lebendigkeit bis ins hohe Alter. Lass sie gemeinsam alle Seiten des Lebens in Wahrhaftigkeit durchleben und gestalten.
- Gib allen, die sich innerlich zerrissen fühlen oder unzufrieden sind, den Mut, einen neuen Weg zu wagen.

– Halte in uns allen die Sehnsucht nach Wahrheit und Echtheit lebendig. Lass uns nicht mit vordergründigen Dingen scheinbar zufrieden sein.
– Den Verstorbenen der Familien N. und N. schenke bei dir Erfüllung und ewigen Frieden.

Menschenfreundlicher Gott, wir vertrauen auf dich und deine Verheißungen.
So hilf du uns im Leben – heute, morgen, bis in alle Ewigkeit.

Gebet
Gott, Liebhaber des Lebens!
In deinem Sohn wurdest du einer von uns Menschen.
So weißt du um uns.
Dir ist nichts fremd.
Du kennst Freude, die uns beinahe zum Zerspringen bringt.
Du kennst Leid, das Menschen zerbrechen kann.
Du bist uns nahe gekommen,
damit wir das Leben haben und es in Fülle haben.
Denn du willst unser Heil. Das zu wissen, tut uns gut.
Sei in guten und in schlechten Tagen,
in Gesundheit und Krankheit bei N. N. und N. N.
Sei mit deiner Liebe bei N. N. und N. N., bei uns allen.
Lass uns besonders an diesem Festtag deine Nähe spüren
und begleite unsere Schritte im Alltag.

Gestaltungselement
Vor dem Friedensgruß können Kinder in den Altarraum gebeten werden, um aus diversen Rosen (Seidenrosen, Plastikrosen, echte Rosen), die sich ähnlich sehen, die echte Rose herauszufinden. Die echte Rose ist zugleich die schönste Rose. So zart, so wohlriechend ist keine andere. Sie ist so schön, dass wir sogar die Dornen in Kauf nehmen. Das »echte Leben« ist durch nichts zu überbieten! Wo Wahrheit und Leben zu Hause sind, da gibt es die Sehnsucht nach tiefem Frieden. Und anders herum wünschen wir einander ein Leben in Wahrheit, wenn wir uns den Frieden zusprechen.
So kann das Brautpaar zum Friedensgruß (und zur Erinnerung) einen kleinen Rosenstock erhalten. Die Kinder können an die Gemeinde Rosen austeilen.

Susanne Hepp-Kottmann

Ölbaum und Weinstock

Schrifttexte
Ps 52,10 Wie ein grünender Ölbaum
Joh 15,5 Ich bin der Weinstock

Ansprache
Sie haben sich gewünscht, dass bei Ihrer Trauung vom Zeichen des Baumes gesprochen werden soll. Für Sie beide sind die Bäume (ja nicht nur Gegenstand ihres beruflichen Interesses, sondern) Symbol des Lebens. Bei unserem Vorbereitungsgespräch habe ich den Eindruck gewonnen, dass Sie sich viele Gedanken über das Lebenssymbol des Baumes gemacht haben. Der Baum – so sagten Sie – steht für das Wachstum, er steht für das Beständige, er steht auch für Schwankungen in der Entwicklung, für den Ausgleich nach Zug- und Druckholz, er steht da als Stütze, als Lebens- und Früchtespender. Sie haben sich so viele Gedanken über Bäume gemacht, dass ich Ihnen auf dieser Spur gar nichts sagen kann, was Ihnen selbst nicht sonnenklar wäre.
Ich möchte darum zu Ihnen von anderen Bäumen sprechen, die Sie kennen, aber die Ihnen doch nicht so vertraut sind – nämlich vom Ölbaum und vom Weinstock. Das sind zwei Bäume, die in der biblischen Überlieferung beider Testamente ganz wichtig sind. Darum möchte ich Ihnen über den Ölbaum und den Weinstock ein biblisches Wort zur Feier Ihrer Trauung mitgeben:
»Ich aber bin im Haus Gottes wie ein grünender Ölbaum; auf Gottes Huld vertraue ich immer und ewig« (Ps 52,10). Und: »Jesus sagt: Ich bin der Weinstock, ihr seid die Reben. Wer in mir bleibt und in wem ich bleibe, der bringt reiche Frucht, denn getrennt von mir könnt ihr nichts vollbringen« (Joh 15,5).
Beide Worte stehen für eine grundlegende Beziehung zu Gott: Ich bin im Haus Gottes wie ein grünender Ölbaum. Er grünt eben im Haus Gottes. Und wenn man den Ölbaum aus diesem Grund nimmt, dann verkommt er. Verwurzelt in Gott – dafür steht, biblisch, der Ölbaum.
Und das Gleichnis vom Weinstock, Christus, und seinen Rebzweigen, den Christen, ist Ihnen aufs Beste vertraut: Die Rebe, die ihren Bezug zum Weinstock verliert, verdorrt und bleibt fruchtlos.

Um diese Beziehung zum göttlichen Grund geht es heute bei Ihrer kirchlichen Trauung und darum soll es ein Leben lang gehen. Der Grund, auf den Sie gepflanzt sind, der Boden, auf dem Ihre Beziehung wächst, dieser Grund sind nicht Sie selbst, dieser Grund ist Gott. Wenn man in diesen Boden, der Gott heißt, gepflanzt ist und so das Lebensbäumchen wächst, dann klärt das nicht alle Fragen und löst auch keine Probleme. Aber es ist unglaublich entlastend zu wissen, es gibt einen Grund, der größer ist als wir. Der Baum fragt nicht nach seinem Grund, aber er kränkelt, wenn der Grund verdorben ist oder wenn er aus seinem Grund entwurzelt wird. Sie wissen selbst, dass man den Boden, auf dem etwas wachsen soll, pflegen muss. Der Grund also ist gelegt und bereitet – pflegen Sie diesen Boden weitsichtig wie der Förster und aufmerksam wie die Gärtnerin!

Ölbaum und Weinstock stehen als Gewächse für das tiefe Geheimnis der Wandlung. Wir sagen Ölbaum, nicht Olivenbaum, weil aus der Frucht des Baumes das kostbare Öl gewonnen wird, in einem sehr behutsamen Vorgang. Wir sagen Weinstock, nicht Traubenstock, weil aus der Frucht des Stocks der edle Wein gewonnen wird, in einem Wandlungsprozess, der im Dunkeln verläuft. Das Geheimnis der Wandlung ist uns in diesen beiden Bäumen aufgetan. Ölbäume und Weinstöcke werden gepflanzt, damit wir Menschen das kostbare Öl und den edlen Wein nach einem langsamen, manchmal verborgenen, aber immer behutsamen Prozess der Wandlung genießen können.

So wird es mit Ihnen selbst und mit Ihrem Leben sein – als Einzelne und als Paar. Es darf nicht heißen: Bleib, wie du bist! Es muss heißen: Werde, wie der Geist und wie wir einander uns werden lassen. Wandlung tut manchmal weh und sie muss trotzdem geschehen. Sagen Sie es einander und räumen Sie es einander ein: Mit dir möchte ich werden, was der Geist Gottes mich werden lässt! Dafür stehen Ölbaum, Olive und Öl, dafür stehen auch Weinstock, Traube und Wein – für das tiefe Geheimnis der Wandlung, in das alles Lebendige einbezogen ist.

Ich habe Ihnen ein kleines Körbchen vorbereitet, mit ein paar Oliven und einem Fläschchen Öl, mit ein paar Trauben und einem Fläschchen Wein. Ich weiß nicht, ob Sie Oliven und Olivenöl mögen. Vielleicht steht die Olive für das Herbe, das Bittere, das Erdige; und doch ist sie unglaublich schmackhaft. Ohne das Herbe und Bittere würde uns der Alltag bald anöden. Das Öl ist außerdem eines der wichtigsten Heilmittel, das die Bibel kennt. Gießen sie einander Öl in die Wunden Ihres Lebens!

Dass Sie Trauben und Wein mögen, darüber bin ich mir fast sicher: Die Trauben stehen für das Süße. Und der Wein ist die Gabe des Festes. Beides sollen Sie auf dem Boden Gottes vom Baum Ihres Lebens reichlich ernten dürfen – das Süße und das Fest. Der Wein ist die endzeitliche Gabe Gottes an den Menschen: Das Fest der Erlösten, die Freude am Dasein und die Fülle des Lebens sind im Zeichen des Weines ausgedrückt. Übrigens: Ölbaum und Weinstock sind sehr kälteempfindlich – sie mögen den Frost nicht. Auch das soll Ihnen im Zeichen des Öles und des Weines gesagt sein: Beziehungen können einen gelegentlichen Frost schon ertragen, aber im Dauerfrost gehen sie ein.

Ölbaum und Weinstock und ihre Früchte verweisen auf Christus: Er ist der mit dem Öl Gesalbte. Er ist der Weinstock! Verbunden mit ihm, dem Gesalbten, dem Spender des Weines, sind uns das Glück und das Heil verheißen. Verbunden mit ihm werden Sie das Geheimnis der Wandlung bestehen und die Früchte des Lebens in ihrer ganzen Fülle ernten.

Fürbitten

Herr Jesus Christus, du bist der Weinstock, mit dem wir verbunden sind. Du bist der mit dem Öl der Freude Gesalbte. Dich bitten wir:

- Wir leben von der Fülle, die immer wieder aufscheint und die uns heute in reichem Maß zuteil wird. Darum bitten wir, dass Braut und Bräutigam dankbar sind für alles Erfüllende, das ihnen geschenkt wird und das sie einander ermöglichen.
- Wir tragen Mängel und Wunden an uns, die wir verstecken und die auf Zukunft hin doch nicht verborgen bleiben. Darum bitten wir, dass Braut und Bräutigam und wir alle einander die Mängel ausgleichen und mit den Wunden des anderen achtsam umgehen.
- Die Schöpfung ist bedroht durch uns Menschen; und unser technisches Können führt oft genug zu Katastrophen. Darum bitten wir, dass die Verantwortlichen in Politik und Wirtschaft und wir selbst die Schöpfung bewahren und mit dem technischen Fortschritt behutsam umgehen.
- Die Liebe zwischen Menschen erstickt manchmal in der Geschäftigkeit des Lebens; sie erfriert in den unbewältigten Konflikten und sie ist bedroht durch Unvermögen, Gleichgültigkeit und Schuld. Darum bitten wir, dass Paare und Einzelne, Familien und Lebensgemeinschaften in der Liebe wachsen.

Herr Jesus Christus, du willst, dass wir das Leben in Fülle haben. Dir sei Lobpreis und Ehre in Ewigkeit.

Gebet
Jesus hat gesagt:
Ich will, dass sie das Leben haben und es in Fülle haben. Darum bitten wir:
Gott, unser Vater.
Gewähre diesem Paar die Fülle des Lebens. Lass es dankbar genießen, was ihm an Gutem zuteil wird, und froh von seinen Gaben weiterschenken.
Darum bitten wir durch Christus, unseren Herrn.

Gestaltungselement
Korb mit Ölzweig, Oliven und Olivenöl. Trauben, Rebzweig und Wein.

Anton Seeberger

Eine dreifache Schnur reißt nicht

·   ·   ·   ·   ·   ·   ·   ·   ·   ·   ·   ·   ·   ·

Schrifttext
Koh 4,9–12   Zwei sind besser als einer allein

Ansprache
»Zwei sind besser als einer«, sagt der Weisheitslehrer Kohelet. Wenn Sie davon nicht überzeugt wären, würden Sie heute nicht heiraten. Zwei sind stärker, zwei können einander ausgleichen, einander aufhelfen, einander wärmen, einander schützen. Der Weisheitslehrer nennt drei Vorteile, wenn zwei zusammen sind: Das gegenseitige Wärmen; das gegenseitige Aufhelfen; das gegenseitige Schützen. Das ist schon eine ganze Menge. Zwei sind besser als einer, für Sie ist das ganz gewiss so. Aber zu zweit sein, hat auch andere Seiten wie alles in unserem Leben: ein Stück der eigenen Unabhängigkeit aufgeben, Rücksicht nehmen, das Elend des anderen mittragen und seine Fehler aushalten, Absprachen einhalten, sich selbst zurücknehmen und vieles mehr. Sie setzen auf Ihre Erfahrung, dass zwei besser sind als einer. Sie haben es erfahren, dass es so ist. Und Sie sind beauftragt, es wahr zu machen, dass es so wird.
»Eine dreifache Schnur reißt nicht so schnell« – mit diesem Bild schließt der Weisheitslehrer seine Betrachtung ab. Was ist Ihre dreifache Schnur, die Sie zusammenhält und verbindet? Aus den Texten, die Sie gewählt haben, möchte ich Ihnen drei Gedanken als diese dreifache Schnur mitgeben:
Klarheit – im Wort und in der Tat. Ein klares Wort führt weiter als das Hin und Her. Ein klarer Standpunkt macht einen Menschen erkennbar, auch wenn es nicht der eigene Standpunkt ist. Klarheit ist manchmal auch schmerzlich, wir vernebeln das Harte alles in allem lieber, als dass wir es klar sagen. Klarheit meint gelten lassen, wie es ist, und entscheiden, wie es sein könnte.
Liebe – sie ist unermesslich und in Worten nicht zu sagen. Immer neu ist sie, faszinierend und doch unergründlich. Wir dürfen sie nicht fordern, wir können sie nur geben. Obwohl dies gerade die größte Versuchung und das größte Elend der Liebe ist, dass sie gefordert wird und daran unweigerlich zerbricht. Immer steht die Liebe gegen die Angst, selbst zu kurz zu kommen.
Entwicklung – sich entwickeln dürfen, ist ein großes Geschenk. »Der Weg ist das Ziel!«, haben Sie bei unserem Gespräch gesagt, eine Erfahrung der Men-

schen, die mit dem Wohnmobil von Ort zu Ort unterwegs sind! Anders werden dürfen, nicht der- oder dieselbe bleiben müssen, an der Beziehung wachsen, auch wenn das Wachsen einen beansprucht. Das meint Entwicklung und steht gegen die Erstarrung.

»Eine dreifache Schnur reißt nicht so schnell!« In dieser Feier Ihrer kirchlichen Trauung wird ein Band um Sie herum gelegt – die dreifache Schnur. Ich glaube, dass die Schnur ein gutes Symbol für eine Trauung ist.

Das Zeichen der Schnur sagt: Verbinden, nicht fesseln. Sie verbinden sich miteinander, aber Sie sollen einander nicht fesseln, so dass Sie aneinander verkümmern. Es soll nicht Enge zwischen Ihnen sein, sondern eine Weite, die nur in der Gewissheit gelebt werden kann, dass ein starkes Tau Sie beide zusammenhält. Das Zeichen der Schnur sagt: die Richtung weisen und manchmal einen Weg versperren. Schnüre leiten uns und weisen uns die Richtung; zeigen, wo wir stehen bleiben sollen; markieren Grenzen. Manchmal versperren sie uns einen Weg; sie sind Ausdruck eines Verbotes und Zeichen der Warnung. Uns Glaubenden ist in Gottes Wort und Weisung eine Richtschnur mitgegeben. Dieses Wort kann manchmal einen Weg versperren. Aber dieses Wort ist auch entlastend, weil wir ja nicht selbst jeden Irrweg gehen müssen.

Das Zeichen der Schnur sagt: verpacken, aber nicht zuschnüren. Schnüre braucht man zum Verpacken. Sie sind ganz wichtig für die kleinen oder großen Geschenke, die wir einander bereiten. Sie sind Zeichen des Verborgenen, der Überraschung, des Geheimnisses. Sie sind auch Zeichen für die Wahrheit, die wir oft nur ganz verpackt, in Liebe und Behutsamkeit annehmen können.

Das Zeichen der Schnur sagt: Wir binden uns aneinander und wir werden uns nie verlieren. Ich möchte Ihnen ein Stück Schnur mitgeben: Das Zeichen Ihrer Verbindung zueinander und das Zeichen ihrer Verbindung zu Gott. Gott selbst wirft Ihnen in dieser Feier der Trauung die Schnur zu, damit Sie sich gehalten wissen, damit Sie weiterkommen, die Richtung erkennen und das Geschenk des Lebens empfangen. Gott selbst legt das unzertrennliche Band seiner Liebe um Sie herum.

Fürbitten

Im Gebet verknüpfen wir unsere Wünsche, unsere Hoffnungen, unsere Bitten mit der Zusage Gottes. Darum sagen wir:

- Gott, dein Wort und deine Gegenwart geben uns Halt. Sie sind wie ein starkes Seil, an dem wir uns nach oben ziehen. Lass Braut und Bräutigam gehalten sein von deinem Wort und in deiner Liebe.
- Gott, deine Weisung und dein Gebot führen uns. Sie geben unserem Leben Richtung und Ziel. Lass jeden, der diese Hochzeit mitfeiert, seinen Weg gehen, zu seinen Entscheidungen stehen und das Ziel erkennen, das du ihm zugedacht hast.
- Gott, deine Liebe ist unerschöpflich. Sie verbindet, sie hält zusammen, sie umfängt uns wie ein Tau, das niemals reißt. Lass die Menschen, die in ihrer Liebe gescheitert sind und enttäuscht wurden, deine Liebe erfahren, damit ein neuer Anfang möglich wird.
- Gott, niemand weiß, was das Leben bringt; niemand kennt genau die Aufgaben, die uns in Zukunft gestellt sind; und wir wissen wenig von den Zumutungen, mit denen wir fertig werden müssen. Lass die Menschen an ihren Aufgaben wachsen und stütze sie, wenn ihnen die Last ihres Lebens zu schwer wird.

Gott. Wir danken dir für das Band, das uns mit dir verbindet in Christus, unserem Herrn.

Gebet

Gott, unser Vater.
Aufregung und Zuversicht,
Ängstlichkeit und Selbstvertrauen,
Dankbarkeit und Freude
und auch ein wenig Wehmut und Trauer
prägen die Stimmung dieser Feier.
Wir bitten dich:
Sei unter uns an diesem Fest,
begleite Braut und Bräutigam ein Leben lang
und stimme uns ein in das Geheimnis der Liebe,
die du uns schenkst in Christus, unserem Herrn.

Gestaltungselement

Dreifache Schnur oder ein starkes Seil.

Anton Seeberger

Was die wechselnden Zeiten überdauert

Schrifttext
Hebr 10,23–25   Er, der die Verheißung gegeben hat, ist treu

Ansprache

Die Sache mit der Treue
Wir scheuen es in den Mund zu nehmen: das Wort »Treue«. Es klingt nicht mehr ganz echt – zu groß und pathetisch zum einen. Zum anderen verschlissen, mit zu vielen Enttäuschungen verbunden – im persönlichen wie im politisch-gesellschaftlichen und im religiösen Bereich.
Treue ist das, was die wechselnden Zeiten überdauert. Damit tun wir uns schwer in unserer kurzlebigen, kurzatmigen Zeit, in der morgen »out« ist, was heute als »in« gepriesen wird; in der etwas schnell als altmodisch abgetan wird, was heute noch im modischen Trend liegt.

Was meint Treue?
Treu ist eines der ältesten deutschen Wörter und bedeutet: getreu sein, zuverlässig, aufrichtig, echt, sicher. All das steckt in diesem kleinen Wörtchen treu. Abgeleitet ist treu von dem indogermanischen Wort »deru« und das heißt: Eiche, Eichenholz. Treu sein bedeutet demnach ursprünglich und eigentlich: stark, fest sein wie eine Eiche. Und die hält bekanntermaßen manchem stand. Treu sein lässt sich – so verstanden – nicht so schnell drausbringen; hält manchem im Leben stand; wird mit allerhand Schwierigkeiten fertig. Treue überdauert die wechselnde Zeit: Ich verlasse mich auf dich; ich vertraue dir, trotz mancher Unterschiede und sich einstellender Veränderungen. Und du vertraust mir, verlässt dich auf mich.
Treu bin ich dann, wenn ich zu meinem Wort stehe; wenn ich zu einer übernommenen Verantwortung stehe; wenn ich durch dick und dünn mit dir gehe. Treu bin ich am ehesten dann, wenn ich auch mir selber gegenüber treu bleibe.

Was meint: Gott ist treu?

Das biblisch-hebräische Wort für Treue heißt: »emunah«. Und das steckt in dem Wort »Amen«. Gott hat sein »Ja und Amen« zu uns Menschen gesprochen. Er nimmt es nach Auskunft der Bibel auch nicht mehr zurück. Gott lässt uns nicht los und nicht fallen. Gott steht treu zu uns, mehr als wir es jemals sein können, und auch dann, wenn wir es nicht mehr sind. Auf diese Treue können und dürfen wir bauen. Auf diese Treue könnt und dürft ihr bauen.

Der Apostel Paulus bringt das auf den Punkt: Er ist der festen Überzeugung, dass es nichts auf Erden gibt und dass auch niemand imstande ist, uns von Gott und seiner wohlwollenden Zuneigung zu trennen, was auch immer im Leben passieren mag (vgl. Röm 8,31–39). Gott ist treu – was das näherhin bedeuten könnte, dafür nennt Paulus zwei Beispiele: Gott ist treu, indem er uns Kraft gibt und uns vor dem Bösen bewahrt (vgl. 2 Thess 3,3).

Aus der Kraft seines Trostes leben

Ein schlimmes Ereignis kann einen untröstlich machen: Gibt es da noch Trost? Billige Vertröstungen und fromme Sprüche helfen auf jeden Fall nichts. Im Gegenteil: Die ärgern einen oder stürzen einen noch mehr ins Elend. Mit sentimentalen Äußerungen sollten wir uns weder trösten lassen noch andere trösten wollen.

Trösten setzt Mitgefühl voraus. Mitgefühl, ein weithin vergessenes Leitwort wahrer Menschlichkeit. Mit einem Menschen fühlen heißt nicht, sich müde herablassen: Ach, du armer Tropf, du tust mir ja so leid, dass du so anders bist als ich. Mit einem Menschen fühlen heißt nicht, sich zu einem gönnerhaften Almosen bewegen lassen. Mitgefühl hat nichts mit sentimentalem Mitleid zu tun; auch nichts damit, in einem allgemeinen Leidensbrei, angesichts der schlimmen Zustände in der Welt, zu schwelgen.

Mit einem Menschen fühlen heißt, sich auf seine Seite stellen, ihm in Augenhöhe begegnen, sein Leid oder seine Freude zum eigenen Leid, zur eigenen Freude machen. So setzt trösten Mitgefühl voraus.

Vielleicht ist echter Trost erst im Blick auf Gott möglich. Weil ohne ihn die auch noch so gut gemeinten Trostreden allzu sehr in der Luft hängen. In trostlosen Situationen wünsche ich uns, dass wir Gott Glauben schenken, dass er den Berg von Leid und Kummer in unseren Herzen wegheben will und kann. Nicht dass Gott Krankheit, Leid, Kummer und Not einfach wegfegt, als ob nichts gewesen wäre. Aber er möchte, dass wir in all diesen Beschwernissen aus der Kraft seines Trostes leben und bestehen können; dass wir unser oft so begrenztes Leben annehmen und uns mit ihm versöhnen können; dass wir uns gerade auch in Krankheit und Leid von Gott gehalten und getragen wissen. Die Kraft, die Gott gibt, möchte ein Lichtschimmer in den vielfältigen persönlich-seelischen und in den weltweit-apokalyptischen Dunkelheiten sein. Sie lässt uns angesichts der in vielerlei Hinsicht tödlich bedrohten Wirklichkeit nicht resignieren und verzweifeln. Gott möchte mit seiner Kraft auch bewirken, dass wir uns nicht einfach zufrieden geben, dass wir uns nicht einfach abfinden mit unserer Welt, wie sie nun halt mal ist. Sie möchte »uns zur Liebe und zu guten Taten anspornen« und uns hoffen lassen, dass vieles doch noch hell und heil, zum Guten geführt und neu werden kann.

Gott will uns gut

Gott wird uns vor dem Bösen bewahren – das erinnert an die Vaterunser-Bitte: »Bewahre, erlöse uns von dem Bösen.« Doch davor steht die eigenartige Bitte: »Führe uns nicht in Versuchung.« Führt Gott womöglich in Versuchung? Gott so bitten hieße dann auch: So recht traue ich ihm nicht über den Weg. Es wäre ja möglich, dass er mich doch in Versuchung führt, dass er einen Köder auslegt, um mich auf die Probe zu stellen.

Solche Vorstellungen widersprechen ganz und gar dem offenen, durchsichtigen und vertrauensvollen Verhältnis, das Jesus selbst zu Gott hat und zu dem er uns anhält. Jesus verabscheut geradezu jede Art des Verführens. In seinem Sinn betont das auch einer der neutestamentlichen Schriftsteller: »Keiner, der in Versuchung gerät, soll sagen: Ich werde von Gott in Versuchung geführt. Denn Gott kann nicht in die Versuchung kommen, Böses zu tun, und er führt auch selbst niemand in Versuchung. Jeder wird von seiner eigenen Begierde, die ihn lockt und fängt, in Versuchung geführt« (Jak 1,13–14).

Gott führt nicht in Versuchung. Jede Art von verführerischen Gedanken entsteht in uns selbst. Ihn bitten, uns nicht in Versuchung zu führen, heißt: Hilf, dass derart verführerische Gedanken schon gar nicht in mir aufkommen! Dies verstärkt und führt zu der weiteren Vaterunser-Bitte: »Behüte, bewahre, erlöse uns von dem Bösen!« – »Und führe uns nicht in Versuchung, sondern erlöse uns von dem Bösen!« Diese beiden Bitten entsprechen einander, ja, sie bedeuten ein und dasselbe.

Man kann es auch so sagen: Nimm uns die zerstörerische Angst! Bewahre uns in apokalyptischer Bedrängnis vor Glaubensabfall! Gib uns Mut und Wille und

Durchhaltevermögen. Gib uns Vertrauen! So sollen wir wohl im Sinne Jesu bitten und dabei groß von Gott denken. Denn er selbst will uns gut, er will euch gut. Er will unser Glück; er will euer Glück. Er will, dass wir einander zu mehr Glück verhelfen, dass ihr einander zu viel Glück verhelft. Er will, dass euer Leben und Zusammenleben gelingt. Denn: Gott ist treu.

Fürbitten

Lasst uns beten zu Gott, der uns nicht im Stich lässt und dessen Treue ewig bleibt:
- Lass die beiden Eheleute N. N. und N. N. einander treu sein auch dann, wenn die Zeiten wechseln, wenn sie unterschiedlicher Auffassung sind und sich manches in ihrem Leben, in ihrer Ehe verändert hat.
- Lass uns erahnen, wie wunderbar es ist und was es bedeutet, dass du treu bleibst, selbst wenn wir dir und einander untreu würden.
- Lass uns dir vertrauen, dass es nichts auf Erden gibt und dass auch niemand imstande ist, uns von dir und deiner Liebe und Treue zu trennen – was auch immer im Leben passieren mag.
- Lass uns hoffen, dass du uns treu bist, hier auf Erden und über den Tod hinaus für immer.

Danke, Herr, und bleibe bei uns alle Tage, bis du kommst, um alles zu vollenden, um alles heil und ganz und neu zu machen.

Gebet

Guter Gott und Vater,
als unser Bruder und Freund ist Jesus seinen Weg gegangen, oft unverstanden und von vielen verkannt, und doch haben die, die ihm vertrauen, in ihm Befreiung, Erfüllung und Sinn gefunden.
Wir bitten dich: Lass uns gleich ihm in Treue unseren Weg gehen und so Menschen sein, die durch ihr Leben an ihn erinnern, andere auf ihn aufmerksam machen.

Gestaltungselement

Blau ist die Farbe der Treue. Wie wäre es mit einem Sträußchen Vergissmeinnicht, mit einem blauen Strauß Astern, Kornblumen ... je nach Jahreszeit!

Michael Broch

Trauungsgottesdienste zu biografischen Anlässen

Im Zeichen der Ringe
Trauungsgottesdienst für ein Paar, das schon länger zusammenwohnt

· · · · · · · · · · · · · · · ·

Vorbemerkung
Der biographische Ort der Hochzeit hat sich heute bei vielen Paaren verschoben. Während früher die Hochzeit den Beginn eines neuen Lebensabschnittes markierte – »vom Single zum Paar« –, hat heute häufig dieser neue Lebensabschnitt schon lange begonnen. Das Paar lebt schon länger zusammen und hat die Schwelle vom Alleinleben zum Paarleben schon hinter sich. Auch die Phase der Verliebtheit ist längst vorbei, die Balance zwischen »gemeinsame Schritte« und »eigene Wege gehen« bereits gefunden (auch wenn diese Balance immer wieder neu zu finden ist).

Die Hochzeit ist somit kein Schwellenritual mehr, sondern übernimmt eine andere Funktion: Manchmal sind gemeinsame Kinder der Anlass, Hochzeit und Taufe werden dann in einem gefeiert. Manchmal dient die Feier der Hochzeit als eine Art Bestätigung und Besiegelung des bereits Gelebten. Aufgrund der »gelungenen Erprobungsphase« macht das Paar den Schritt, seine Beziehung öffentlich für verbindlich zu erklären. Allerdings geschieht das längere Zusammenwohnen nicht mehr aus Gründen der »Ehe auf Probe« wie in den 1970er-Jahren, sondern aufgrund der Verschiebungen in der Berufsbiographie. Da Ausbildung und erste Schritte im Beruf immer später stattfinden, verschiebt sich auch die Möglichkeit, auf eigenen Füßen zu stehen, was für viele doch Voraussetzung einer verbindlichen Lebensform ist.

Schrifttext
Gen 2,18–25 Darum verlässt der Mann Vater und Mutter und bindet sich an seine Frau

Ansprache

Wir heiraten. Dieser Satz aus Ihrem Mund löste (wie Sie mir sagten) folgende Reaktionen aus: Endlich, wir haben schon nicht mehr daran geglaubt. Oder: Warum das denn, ihr kriegt doch gar kein Kind. Oder: Warum heiratet ihr, dadurch ändert sich doch nichts.

Früher stand die Hochzeit am Beginn eines neuen Lebensabschnittes. Man wohnte bei den Eltern und mit der Heirat zog man mit dem Partner zusammen und begann ein völlig neues Leben. Oder man lebte schon eine Weile allein als Studentin oder in der Berufsausbildung und tat dann mit der Hochzeit den Schritt vom Leben als Single zum Leben als Paar.

Heute ist das anders, die gesellschaftlichen Bedingungen haben sich verändert. Sie haben sich als Paar gefunden, als Sie noch beide studierten. Wenn man sich dann eine Weile kennt, liebt und zusammenpasst, möchte man auch den Alltag miteinander teilen. Zusammen mit dem Fahrrad zur Uni fahren, zusammen auf die Prüfungen lernen, zusammen Stellenanzeigen lesen und sich bewerben; zusammen die Mühen und Schönheiten des Alltags leben, zusammen einschlafen und aufwachen. Heiraten will man aber noch nicht, denn man steht noch nicht auf eigenen Beinen, die berufliche Zukunft ist noch ganz ungewiss, wo wird es jeden von uns hin verschlagen, wie wird es werden. Alles noch zu unsicher, alles noch zu offen.

Erst die Sicherheit in diesen Bereichen, dass Sie beide eine Stelle gefunden haben, dass Sie zwischen den Arbeitsorten einen Wohnort gewählt haben, dass dieses Leben jetzt schon eine kleine Weile stabil ist, hat Sie bewogen, auch Ihre Beziehung »stabil zu machen«.

Wir heiraten. Äußerliches Zeichen dafür ist, dass Sie sich heute gegenseitig zwei goldene Ringe anstecken. Wenn man Sie fragt, was ab morgen anders ist, können Sie als Antwort auf jeden Fall Ihre Ringe zeigen.

Ihre Ringe sind Ringe der Besiegelung. Sie bestätigen, was schon ist. Sie machen amtlich, dass Sie sich vor fast schon langer Zeit gefunden haben und das Leben miteinander teilen.

Ihre Ringe sind rund. Sie stehen für das, was jetzt schon rund ist in Ihrer Beziehung. Sie haben die Balance zwischen »alles gemeinsam machen« und »eigene Wege gehen«, um die man besonders zu Beginn des Zusammenlebens ringt, schon gefunden. Sie kennen bereits das Spiel zwischen Nähe und Distanz, Freiheit und Anhängigkeit. Trotzdem stehen auch Ihre runden Ringe für die Zukunft. Denn um die Balance von Partnerschaft und Eigenständigkeit müssen Paare immer wieder ringen. Auch die rundeste Rundung kann eine Schlagseite bekommen und muss neu ins Lot gebracht werden. Das ist dann kein Fehler, der passiert ist, und bestimmt keine Schande. Beziehung, Partnerschaft, so sagen viele Paare, ist harte Arbeit. Manchmal wird einem dabei mehr geschenkt und manchmal weniger. Und jede intensive Arbeitszeit, in der beide viel in die Beziehung investieren müssen, wird abgelöst durch eine Genusszeit, in der die beiden ihre runde Beziehung wie von selbst erleben und genießen können.

Runde Ringe symbolisieren auch das Unendliche. Die runde Form hat keinen Anfang und kein Ende. Wie hat es eigentlich angefangen? Natürlich wissen Sie die erste Begegnung und Sie erinnern sich an den ersten Kuss. Aber die Verliebtheit war auf einmal oder auch langsam da. Sie ist gleichsam über Sie gekommen, ohne dass Sie sie machen konnten. Und begründen Sie einmal, warum Sie jeweils Ihren Partner so lieben. Meistens können Paare Seiten des anderen benennen, die sie sehr mögen, aber dann sagen sie: Letztlich kann ich es nicht begründen, es ist einfach so.

Die runden Ringe stehen für die unendliche Liebe, die an keine Bedingungen geknüpft ist. Nicht weil du so bist, liebe ich dich, und wenn du nicht mehr so bist, liebe ich dich nicht mehr; sondern eher: Trotzdem liebe ich dich, selbst diese kleine Schwäche liebe ich besonders.

Dass Ihre Liebe auch in Zukunft unendlich ist, das ist Ihre Hoffnung und auch Ihr Ziel. Deshalb stehen Sie heute hier. Die Ehe ist kein Garant dafür, aber sie ist eine Art Vereinbarung, auf dieses Ziel hinzuarbeiten und dieses Ziel auch in schwierigen Zeiten im Auge zu behalten. Natürlich ist dieses Vorhaben schwieriger zu bewältigen, wenn in Deutschland jede vierte, in den Großstädten jede zweite Ehe geschieden wird. Natürlich bewirkt dieses Zahlenverhältnis auch, dass viele Paare mit dem Heiraten noch länger warten. Aber andererseits gibt es bereits einen Gegentrend. Während früher viele Paartherapeuten fast zur Scheidung geraten haben, plädieren sie heute eher für's Durchhalten, indem die Partner eine Krise als Chance nutzen und an der eigenen Person und an der Beziehung arbeiten. Angesichts der vielen Scheidungen ist die dauerhafte Beziehung zu einem neuen Wert geworden, weil die Ehe und die Familie als beständiger und verlässlicher Lebensort das insgesamt flexible und unsicher gewordene Leben zu bewältigen helfen.

Die runden Ringe stehen auch für die unendliche Liebe Gottes. Im Sakrament der Ehe erhalten Sie Anteil an dieser Liebe. Sie kann Ihnen helfen, wenn Ihre eigene Liebe endlich zu werden droht. An ihr können Sie »zapfen«, von ihr können Sie sich umfangen lassen in schwierigen und auch in guten Zeiten.

Ihre Ringe sind neu und glänzen noch rundum, Ihre Beziehung hat schon Patina angesetzt. Noch eine kleine Weile und die Ringe haben nachgezogen. Sie behalten ihren Glanz, aber sie haben auch Kratzer und Alltagsspuren. Für die Ehe gilt wieder beides und Sie werden merken oder wissen es schon, dass die Mischung aus Glanz und Patina die besondere Schönheit ausmacht.

In Ihren Ringen steht der Vorname des jeweils anderen. Auch im Blick auf den Namen hat sich vieles verändert. Sie haben sich dafür entschieden, dass jeder seinen Herkunftsnamen behält und Sie rein namentlich auch in Zukunft nicht als Ehepaar zu erkennen sind. Aber in den Ringen tragen Sie gegenseitig den Namen des anderen. Sie geben mit diesem Zeichen dem jeweils anderen Platz in Ihrem Leben, Sie übernehmen Verantwortung füreinander. Ich trage deinen Namen geht auch in dieser Form, und nur in dieser Form gegenseitig (und sozusagen gerecht verteilt).

Ihre Ringe sind aus Edelmetall. Sie sind stabil, mit normalen Mitteln unzerbrechlich. In Ihrer Beziehung haben Sie diese Erfahrung bereits gemacht. Sie ist stabil, sie hält etwas aus. Das Metall der Ringe erinnert uns an diese Erfahrung. Gerade wenn uns diese Erfahrung einmal abgeht, wenn die Beziehung zu brechen droht, können wir die Ringe anschauen und uns an diese Erfahrung erinnern. Unsere Beziehung hat bisher gehalten, sie wird es auch in Zukunft tun. So stabil wie die Ringe sind, ist sie auch.

Ein Letztes: In Ihren Ringen steht das heutige Datum. Die Hochzeit ist wie ein Meilenstein in Ihren Biographien. Auch wenn sie mitten in der gelebten Beziehung steht, markiert sie doch eine wichtige erkennbare Stelle in Ihrem Lebenslauf. Mit Ihrer Hochzeit schreiben Sie Ihre Biographie. Sie machen heute Bilder und legen vielleicht ein offizielles Familienalbum an. Das können Sie immer wieder anschauen, an diesen Tag können Sie sich immer wieder erinnern: Das bin ich, das bist du, das ist unser gemeinsamer Lebensweg. An diesem bestimmten Tag haben wir uns der Begleitung Gottes versichert. Mit ihm in Weggemeinschaft, mit seinem Geist im Rücken dürfen wir unseren gemeinsamen Weg gehen.

Fürbitten

Gott des Himmels und der Erde, wir bitten dich für N. N. und N. N. und für alle Paare, die hier versammelt sind oder die wir kennen:

- Begleite N. N. und N. N. auf ihrem gemeinsamen Lebensweg.
  Antwortruf: EH 62 »Geh mit uns auf unserm Weg«
- Schenke ihnen Freude und Spaß aneinander.
- Unterstütze sie in ihrem Suchen und Finden.
- Stehe allen Paaren bei, die miteinander das Leben wagen.
- Zeige allen Paaren, die sich in einer Sackgasse fühlen, einen Weg.

Gott des Himmels und der Erde, breite deine schützenden Hände über alle Paare, die zueinander Ja sagen. Halte du jetzt zu ihnen und solange sie leben.

Gebet
Gott des Himmels und der Erde,
dein größtes Geschenk an uns Menschen ist die Liebe.
Lass sie uns im Herzen tragen,
unerschöpflich empfangen und weitertragen
durch Christus, unseren Bruder und Herrn.

Segen über die Ringe
Gott des Himmels und der Erde,
segne diese Ringe, die sich N. N. und N. N. jetzt anstecken werden.
Lass sie Zeichen sein für die Liebe zwischen den beiden.
Lass sie Zeichen sein für alles, was du uns gibst.
Rund wie deine unendliche Liebe.
Schön wie deine Schöpfung.
Stabil wie deine Zusage an uns Menschen.
Darum bitten wir durch Christus, unseren Partner und Freund.

Zeichenhandlung
Das Paar kann die Ringe vor dem Anstecken allen zeigen und vielleicht auch etwas zu diesen Ringen erzählen (wie sie sich dafür entschieden haben, warum sie diese gewählt haben, was es für sie bedeutet, sie zu tragen …).

Christiane Bundschuh-Schramm

Entdeckt im andern das Geheimnis eurer Liebe
Trauungsgottesdienst mit Taufe

Vorbemerkung

Mit der Vielfältigkeit von Familiensituationen differenzieren sich auch die Anknüpfungspunkte, die Lebenswenden in gottesdienstlichen Feiern zu begehen. Erfreulich, dass trotz aller negativen Statistiken viele junge Menschen die kirchliche Trauung als Grundlage ihres Lebensaufbaus verstehen. Deswegen dürfen wir aber die Augen nicht davor verschließen, dass die überlieferte Stufenfolge für viele nicht mehr selbstverständlich ist. Paare, die sich nach längeren Jahren des Zusammenlebens zur Ehe und auch zur kirchlichen Trauung entschließen, haben nicht selten schon gemeinsame Kinder. Die Taufe wird nicht nur bei konfessionsverschiedenen Eheleuten oft aufgeschoben, weil sie sich über die kirchliche Orientierung ihrer selbst und ihrer Kinder noch nicht klar sind, sondern auch, weil sie einen indirekten Zusammenhang sehen zwischen der noch ausstehenden Klärung ihres Lebensaufbaus und der Taufbereitschaft und -verantwortung für die Kinder. Es ist nicht gering zu schätzen, wenn sich solche Paare nach Jahren entschließen, der ganzen Familiensituation ein geistliches Zuhause zu geben mit der gemeinsamen Feier von kirchlicher Trauung und Taufe.

Unter der Zusage Jesu »Ich bin gekommen, damit sie das Leben haben und es in Fülle haben« geht es darum, dieser Lebenssituation mit Anspruch und Zuspruch des Glaubens ganzheitlich zu entsprechen; es kann also nicht darum gehen, die »Feierlichkeit« nachzuholen und die Taufe »anzuhängen«. Ich habe gute Erfahrungen damit gemacht, dass die Kinder auch ihrem Alter entsprechend spirituell Anteil nehmen an der Trauung der Eltern.

Der nachfolgende Gottesdienstentwurf geht auf eine konkrete Situation zurück, in der das voreheliche Kind der Braut, sechs Jahre alt, und das gemeinsame Kind des konfessionsverschiedenen Brautpaares, fünf Monate alt, anlässlich der Trauung des Paares getauft wurden.

Schrifttexte

Koh 3,1–11   Alles hat seine Zeit
Joh 15,1–11   Bleibt in meiner Liebe

Ansprache

Ein Junge geht zur Stadt: einen Kupferkessel auf dem Rücken, in der einen Hand führt er eine Ziege, in der anderen Hand ein lebendes Huhn und einen Stock. Unterwegs trifft er ein Mädchen und sie gehen gemeinsam des Wegs. Sie kommen vor eine Schlucht. Das Mädchen bleibt stehen und sagt: »Durch diese Schlucht gehe ich nicht mit dir – du könntest mich dabei küssen.« »Wie denn?«, sagte der Junge, »mit dem Kupferkessel, dem Huhn, der Ziege, dem Stock!« – »Du könntest«, antwortete das Mädchen, »den Stock in die Erde stecken, den Kupferkessel darüber stülpen, die Ziege anbinden, mir das Huhn in die Hand drücken und mich so küssen.« Lange schaute sie der Junge schweigend an; dann sagte er: »Gott segne deine Weisheit!« – Und sie gingen gemeinsam durch die Schlucht.

Eine Geschichte, die vielleicht sogar N. N. *(der Junge mit sechs Jahren)* behalten kann *(kurze Einbindung mit Rückfrage)* – eine Geschichte vom wahren Leben. Denn es muss sie geben, die Augenblicke, da wir einhalten, voreinander stehen, einander neu wahrnehmen, entdecken – und das Geheimnis im Raum steht, das der Junge ausdrückt im Staunen »Gott segne deine Weisheit« und zur Schlussfolgerung führt: Wir können es auf den gemeinsamen Weg ankommen lassen, ob lichtvolle Höhe oder enge Schlucht.

Einer dieser Augenblicke ist heute. Ihr seid schon ein gutes Stück des Weges gegangen und haltet heute ein, bleibt voreinander stehen, nehmt das Geheimnis eurer Liebe wahr – denn so steht es über eurer Einladung: Der Sinn des Lebens ist erfüllt, wo Liebe ist.

Ihr braucht diese Augenblicke aber auch für die Zukunft. Bei unseren Gesprächen zur Vorbereitung auf den heutigen Tag habe ich euch so erlebt, dass euch die Kostbarkeit dieser Augenblicke mitten im Alltag zwischen beruflicher Anforderung und familiären Aufgaben, die Zeit des Innehaltens vor der Schlucht wichtig ist – oder sagen wir es anders: des Innehaltens vor dem Offenen, dem Ungewissen der Zukunft, die Zeit, die Liebe da sein lässt und es dabei nicht auf das Zeitmaß des Uhrzeigers ankommt.

Haben wir diese Zeit – zwischen dem, was N. N. ab nächste Woche von der Schule mitbringt, was N. N. an Zuwendung braucht, was der Beruf beansprucht, was der Haushalt verlangt, was wir Freizeit nennen? Geben wir einander diese Zeit?

Wir bekommen sie! Alles hat seine Stunde unter dem Himmel!

Alles hat seine Zeit – das kann eine billige Phrase sein oder ein tiefgründiger, alles umfassender Segen. Alles hat seine Stunde, das hört sich so einfach an. Ist jetzt die Zeit für Klage oder für Tanz? – Natürlich: heute für den Tanz. Ist jetzt die Zeit zu lieben oder zu hassen? – Natürlich zu lieben. Ist jetzt die Zeit zum Reden oder Schweigen, zum Festhalten oder Loslassen, zum Pflanzen oder zum Ernten? Nein, es ist alles andere als selbstverständlich, dass wir die Zeichen jeder Zeit erkennen und verstehen und ergreifen, was hier und jetzt zu tun ist.

Noch viel weniger haben wir für das Wachsen der Liebe eine Zeiteinheit. Euer Weg zueinander, euer Vertrautwerden hat ja auch sehr unterschiedliche Zeiten gekannt, Festigkeit und Schwanken, Sicherheit und Zweifel, bis ihr – wie die beiden in der kleinen Geschichte – voreinander gestanden seid mit der Gewissheit: Wir können es gemeinsam auf die Zukunft ankommen lassen. Und sie gingen gemeinsam durch die Schlucht.

Damit aber der Mensch auch für das Tiefste, was sein Leben erfüllt, die Liebe, ein Zeitmaß zur Hilfe hat, hat Gott in das, was nicht einfach dem mechanischen Takt der Zeit folgt, was nicht mit technisch gesicherter Genauigkeit abläuft, nämlich in die Liebe, seine Ewigkeit hineingelegt. Statt Ewigkeit können wir sagen: Bestand, Zusage, Verlässlichkeit, Treue, Endgültigkeit, hat also in sie gelegt, dass sie zum Sakrament wird, das, was ganz menschlich und ganz göttlich ist.

Jesus hat das Wort Sakrament selbst nicht gebraucht, aber es fortwährend praktiziert und vermittelt, erschlossen und besonders anschaulich gemacht im Bild vom Weinstock und den Reben. Ja, frühe christliche Schriftsteller sprechen von der Ehe als dem Sakrament des Weinstocks.

Der fachkundige Winzer weiß natürlich sehr gut, den Stand der Sonne und den Ansatz der Triebe, den Rebstand und den Fruchtstand miteinander in Beziehung, in ein Zeitraster zu bringen. Er weiß, wozu es hier und jetzt Zeit ist.

Aber, so sagt Jesus in der Gleichnisrede vom Weinstock und den Reben, letztlich wird kein noch so genauer Kalender die Fruchtbarkeit verbürgen, sondern dieses Ewige im Zeitlichen, nämlich das Bleiben der Rebe am Weinstock. Es kommt auf die lebendige, intakte Verbindung an zwischen dem Rebstock, dem Kraftwerk, und dem Ort, wo die Kraft umgesetzt wird, der Rebe.

Wer das biblische Wort vom Weinstock und den Reben hört, dem fällt auf, wie oft in dem kleinen Abschnitt das Wörtchen »bleiben« vorkommt. Bleiben, dranbleiben – es weiß, dass Treue nicht statische Unveränderlichkeit bedeutet, sondern ein engagiertes Dranbleiben, Verbundenbleiben mit der Kraftquelle. Wenn eure Kinder heute getauft werden, heute an eurem Hochzeitstag, dann bekennt ihr vier: Wir gehören nicht nur zusammen, wir wissen auch, wodurch wir zusammengehören. Wir haben nicht nur einen gemeinsamen Haushalt, sondern auch einen gemeinsamen Rückhalt, eine Rückbindung an den Weinstock, an Christus. Wir haben eine gemeinsame Religion, denn religio heißt ja Rückbindung. Und Gott, der Winzer, will, dass der Weinstock und die Rebe an diesem Weinstock, unser Leben, Frucht trägt. Er hat euch dazu bestimmt, dass ihr euch aufmacht und Frucht bringt und eure Frucht bleibt.

Dann kann es unter dem Himmel Zeiten des kräftigen Wachstums oder auch des Stillstands geben, Zeiten beständigen Reifens oder gefährlicher Nachtfröste, Dürre oder Ungewitter, Zeiten gemeinsamen Aufbruchs oder des langen Wartens aufeinander, Zeiten mühsamen Vorankommens oder leichten Schrittes. Dann hat alles seine Zeit unter dem Himmel, weil in allem Zeitlichen, Kleinen, Unfertigen ein Stück von Gottes Ewigkeit liegt.

Und obwohl Kinder noch einmal nach ganz anderem Zeitmaß wachsen als Erwachsene und obwohl Eltern nicht immer wissen, was die Stunde für ihre Kinder geschlagen hat, können sie dennoch gelassen sein und gut schlafen, weil und wenn sie wissen, dass diese jungen Reben verbunden sind mit demselben Weinstock, aus dem ihre Liebe gewachsen ist. Und Kinder registrieren sehr wohl, ob die Erwachsenen auch noch wachsen, mitwachsen, ob sie sich darauf einlassen, dass sie der Pflege bedürfen, dass ihre Liebe weiter kultiviert werden will, dass der Winzer vielleicht auch etwas zurechtzuschneiden hat – oder ob sie stehen bleiben und die Verbindung mit dem Weinstock erlahmt oder gar erkaltet.

Und eben dies habe ich bei unserer Vorbereitung gespürt, dass euch sehr an der Pflege einer solchen Familienkultur liegt, am beharrlichen, aber nicht engen oder ängstlichen, sondern vertrauenden Pflegen dieser Zusammengehörigkeit.

Mit dem schönen Liebeslied vom Weinstock und den Reben will ich euch deshalb den Glückwunsch aussprechen: Mit Christus verbunden, dem Weinstock, könnt ihr nun ein Leben lang wachsen, in seinem Namen geben und nehmen, einander erfreuen und füreinander sorgen, einander beglücken und miteinander leiden, in der Not das Notwendige miteinander teilen und aus dem Überfluss seiner Vergebung immer wieder ein neues und mutiges Ja zueinander wagen.

Ich wünsche euch Augenblicke, in denen ihr voreinander stehen bleibt und das Geheimnis, das der anvertraute Mensch bleibt, neu entdeckt und dankbar sagen könnt: Gott segne deine Weisheit, und dann miteinander geht. Und die Schlucht hat das Dunkle und Enge verloren.

Schlussbekenntnis des Paares
Miteinander gehen – lachend und taumelnd vor Glück.
Beieinander stehen – weinend und ratlos vor Schmerz.
Aneinander lehnen – tröstend und bangend in Not.
Beieinander bleiben – offen und hoffend trotz Streit.
Zueinander stehen – sorgend und liebend allezeit.
Möge unsere Liebe Flügel haben und sich aufschwingen in sonnige Weiten, wenn Lebenslust und Leidenschaft in voller Blüte stehen.
Möge unsere Liebe stark sein wie ein Baum und unsere Kinder sanft beschirmen, wenn Alltagsschwere und Arbeitslast uns manchmal ins Schwanken bringen.
Möge unsere Liebe tief sein wie das Meer und uns sanft wie das Wasser tragen, wenn Kräfte schwinden im Lebensherbst.

Fürbitten und Vaterunser
Gott, unser Vater, dankbar feiern wir heute zusammen mit N. N. und N. N. ihre Trauung und mit ihnen zusammen die Taufe ihrer Kinder N. N. und N. N. Wir rufen dich an:
- Für das Paar: Lass ihre Liebe weiterwachsen und erneuere sie, wenn Anforderungen aus Beruf und Familie die Aufmerksamkeit füreinander zudecken wollen.
- Für die Kinder: Lass sie in Geborgenheit und Vertrauen aufwachsen, damit sie ihren Lebensweg finden und selbst fähig werden, Vertrauen und Liebe zu schenken.
- Für die junge Familie: Lass sie in der Verbindung mit Jesus, deinem Sohn, wie eine Rebe mit dem Weinstock erfahren, dass ihr Zusammenhalt immer wieder neue Kraft bekommt und sie einander auch in Schwierigkeiten beistehen.

- Für die Eltern und die Freunde des Paares: dass sie ihren Weg weiterhin mit ihrer Zuneigung und Hilfsbereitschaft begleiten.
- Für die verstorbenen Angehörigen: Vollende ihr Mühen und Streben und lass sie teilhaben am Hochzeitsmahl des ewigen Lebens.

Jesus Christus hat uns zugesagt: Wo zwei oder drei in meinem Namen versammelt sind, da bin ich mitten unter ihnen. Gott, lass N. N. und N. N. mit ihren Kindern und uns alle aus dieser Zusage leben und führe uns zusammen in dem Gebet, das Jesus Christus uns geschenkt hat.

Vater unser im Himmel …

Robert Widmann

Grundsteinlegung für eine ökumenische Hauskirche
Ökumenische Trauung in Anlehnung an das badische
»Formular C«

· · · · · · · · · · · ·

Vorbemerkungen
Einleitung
Bis heute gibt es – zumindest offiziell – keine allgemein anerkannte Liturgie einer ökumenischen Trauung, sondern nur eine katholische Trauung unter Beteiligung des evangelischen Pfarrers/der evangelischen Pfarrerin und eine evangelische Trauung unter Beteiligung des katholischen Pfarrers. Für Letztere benötigt der katholische Partner eine Dispens von der römisch-katholischen Formpflicht. In Baden haben bereits 1974 die evangelische Landeskirche, die römisch-katholische Erzdiözese Freiburg, die evangelische Brüderunität, die evangelisch methodistische Kirche und das Bistum der Altkatholiken in Deutschland eine gemeinsame Liturgie festgelegt, die auch in jeweils beide Kirchenbücher eingetragen wird. Der hier vorgestellte ökumenische Traugottesdienst folgt bewusst den Grundlagen von diesem »Formular C«, um einer allgemein praktizierbaren ökumenischen Trauung möglichst nahe zu kommen und um diese von so vielen Konfessionen regional anerkannte Liturgie einem möglichst weiten Kreis nahe zu bringen. Eine Dispens von der Formpflicht ist in diesem Fall nicht nötig, da die Konsens-Erklärung durch den katholischen Pfarrer entgegengenommen wird. Denn die Abnahme dieser Erklärung ist nach römisch-katholischer Theologie für die Sakramentalität der Ehe von zentraler Bedeutung. Sie ist das katholische Proprium. In diesem Gottesdienst schlagen wir vor, dass die Übergabe der Traubibel sehr bewusst vom evangelischen Zelebranten/von der evangelischen Zelebrantin durchgeführt wird, da sie das evangelische Proprium unterstreicht. Sie folgt im Rahmen dieses Gottesdienstes direkt der Konsenserklärung und der Ringübergabe. Sie ist so – im Gegensatz zum Formular C – Teil der eigentlichen Trauung und betont damit den Auftrag der Ehe, den Glauben weiterzugeben.

Voraussetzungen
Brauchen interkonfessionelle Paare überhaupt diese doppelte Begleitung in der Trauung? Diese Frage muss mit einem klaren Ja beantwortet werden, sofern es

auch nur einem der beiden Partner wichtig ist. Denn gerade zu Beginn einer Ehe spielt das Zusammenwachsen zweier Prägungen und Identitäten eine zentrale Rolle für die Entwicklung der Partnerschaft und der Familie. Und eine ökumenische Trauung bietet problemlos die Möglichkeit, dass nicht ein Partner in der Trauung schon seine Lebensgeschichte abschneidet. Dass der Aufwand für die beteiligten Seelsorger höher ist, ist der Preis der Spaltung der Christen. Er sollte nicht auf den Schultern des Ehepaares abgeladen werden, die schon spätestens mit der Taufe der Kinder eine zusätzliche Bürde im Vergleich zu konfessionshomogenen Paaren zu tragen haben.

Ein Traugespräch ist für die meisten Paare eine Ausnahmesituation. Deshalb sollte es unter Beteiligung von Vertretern beider Konfessionen stattfinden. Dies schützt davor, dass sich ein Partner überfahren fühlt oder sogar tatsächlich zu einem Verhalten veranlasst wird, das ihn – obwohl dies gar nicht nötig wäre – in seiner konfessionellen Identität verletzt. Überdies können so beide Konfessionen durch ihre Vertreter ihre Anliegen einbringen. Dieses gemeinsame Gespräch sollte natürlich auch in Trauung und Ansprache einfließen.

Trauung mit Taufe

Falls ein nicht getauftes Kind mit in die Ehe gebracht wird, kann im Rahmen dieser Feier eine Taufe mit einer starken ökumenischen Prägung erfolgen. Dies ist aber immer die Taufe in eine Konfession, eine ökumenische Taufe gibt es in dem Sinne nicht, da die Taufe in vielen Konfessionen die Kirchenmitgliedschaft begründet. Eine doppelte Konfessionszugehörigkeit wäre aber in sich ein Absurdum, eine Lösung dieses Dilemmas lässt sich nur über die zunehmende Einheit der Christen finden.

Rollenverteilung

Die Rollenverteilung innerhalb des Gottesdienstes ist frei, mit Ausnahme vom Empfang der Konsenserklärung und der Übergabe der Traubibel. Da auch die Räumlichkeiten der Feier eine konfessionelle Prägung betonen, ist es vielfach gute Tradition, dass die Ansprache von der Konfession gehalten wird, in deren Kirche die Feier nicht stattfindet. Eine andere Möglichkeit besteht darin, dass die beiden Zelebranten mit verteilten Passagen wechselnd predigen. Dies setzt natürlich ein gutes persönliches Miteinander voraus, damit eine solche Ansprache nicht aufgesetzt wirkt. Die Ansprache dieses Modells nimmt bewusst das Zweite Vatikanische Konzil auf. Denn laut Lumen gentium 11 sind Ehe und Familie, auch die konfessionsverschiedene, kleinste Form von Kirche.

Empfang

Erster Zelebrant: Der Herr segne euren Eingang und euren Ausgang.
Anderer Zelebrant: Tretet ein in das Haus Gottes.

Votum

> Freie Begrüßung, dort schon erster Hinweis auf den Leitsatz/Trauspruch aus Johannes 17: »Alle sollen eins sein, ... damit die Welt glaubt« bzw. auf den vom Paar gewählten Trauspruch.

Gebet

Vater,

schon von der Schöpfung an hast du die unzertrennliche Gemeinschaft von Mann und Frau gewollt.
Schau auf dieses Paar, das sich heute auf das Wagnis und den Segen der Ehe einlässt. Lass sie ihr Leben lang füreinander da sein, damit sie Zeugen deiner Liebe werden, auch für die Generationen, die ihnen nachfolgen.
Darum bitten wir durch Jesus, unseren Bruder und Herrn.

Schrifttexte

Koh/Prediger 4,9–12   Zwei sind besser als einer allein
Mt 19,4b–6   Was Gott verbunden hat
Joh 17,20–23   Alle sollen eins sein

Ansprache

> Die Ansprache versucht, die Besonderheiten einer konfessionsverbindenden Ehe aufzunehmen. Sie setzt eine gewisse kirchliche Bindung voraus. In jedem Fall sollten Elemente aus der persönlichen Lebenssituation des Paares darin ihren Platz finden.

In einem sind sich die christlichen Konfessionen ganz grundlegend einig: Die Ehe ist unauflöslich. Das ist immer ein Wagnis. Wer sich in unserer Gesellschaft umschaut, könnte alle für realitätsfern halten, die immer noch vor Gott und unserer Gesellschaft lebenslänglich Ja zueinander sagen – obwohl sie nicht wissen, was die Zukunft bringt. Dem zum Trotz: Sie, liebes Brautpaar, gehen dieses Wagnis ein und machen sich miteinander auf den Weg. Sie wissen, dass Sie zueinander gehören. Und Sie wollen diese Einheit in der Ehe leben. Doch Sie lassen jetzt nicht Ihre Erfahrungen im Leben und im Glauben hinter sich zurück, das geht gar nicht. Nein, Sie beide dürfen Ihre Vergangenheit – selbst wo Sie mit der Erinnerung an Schmerzen verbunden ist – mitbringen und können sich so gegenseitig einen großen Reichtum schenken. Denn Einssein ist keine Aufforderung zum Einheitsbrei oder dazu, alles auf den kleinsten gemeinsamen Nenner einzudampfen. Dies gilt gerade auch für Sie als konfessionsverschiedenes Paar. Sie sollen – und dürfen – sich miteinander auf den Weg machen und auch im Glauben die Einheit, die Gemeinsamkeit in der Vielfalt entdecken. Sie haben es schon bei der Vorbereitung dieses Gottesdienstes erfahren, dass dies nicht ganz einfach ist. Sie mussten sich nicht nur entscheiden, Ehe oder nicht, sie mussten sich auch noch für eine Form der Trauung entscheiden. Doch auch wenn sie aus verschiedenen Konfessionen kommen, Sie dürfen wissen: Jesus Christus ist für Sie und für alle Christen das Fundament.

Jesus fordert zur Einheit auf und wir dürfen sicher sein, dass er uns auf diesem Weg auch begleitet. Alle, die ihr Leben an diesem Jesus Christus ausrichten, sollen eins sein – das ist der Kern unseres Bibeltextes. Und das betrifft zuerst einmal Sie in Ihrer Ehe. An einem Freudentag wie heute fällt das leicht. Doch es gibt auch schwierige Zeiten: Streit, Enttäuschungen, Krankheit, vielleicht Arbeitslosigkeit oder Probleme mit den Kindern. Und, was noch zermürbender sein kann, Alltag: Aufstehen, Essen, Arbeit, Haushalt, Schulaufgaben, Steuererklärung, schlafen gehen und nichts Aufregendes oder Anregendes. Wie gut, wenn Sie sich dann trotzdem noch Zeit nehmen nur für sich zu zweit, auch wenn das viel Kraft und Willen kosten mag. Wie gut, wenn Sie Freunde haben, die Sie begleiten. Wie gut, wenn Gott Ihnen gerade in solchen Zeiten durch das Leben, den Tod und die Auferstehung von Jesus Christus eine gemeinsame Lebensmitte geben darf. Wie gut, wenn er Sie mit seinem Auftrag zur Gemeinschaft an guten Tagen, an schlechten Tagen und im Alltag ermutigt und trägt. Aber eine Ehe sollte nicht nur eine Privatveranstaltung sein, vor allem nicht unter Christen. Sie soll hineinwirken in die Christenheit und in die Gesellschaft. Dabei ist jede Ehe, die sich unter den Segen Gottes stellt, eine besondere Gemeinschaft. Denn gerade im Alltag leben Sie als Ehe und Familie Gemeinde und Kirche im Kleinen, wie eine Art Hauskirche. Für Jesus ist sie nicht zu klein, sagt er doch: »Wo zwei oder drei in meinem Namen versammelt sind, bin ich unter ihnen.« Für Sie als konfessionsverschiedenes oder besser konfessionsverbindendes Paar gilt das in besonderer Weise: Sie leben sichtbar Gemeinde und Kirche, wo ansonsten noch keine Einheit in dieser Eindeutigkeit zu sehen ist. Sie sind also kein Problemfall, Sie haben vielmehr die Chance, die Zukunft vorweg zu leben. Dies dürfen Sie als Zuspruch, aber auch als Aufgabe entdecken. Ihre Einheit darf nicht durch Vorschriften der Konfessionen infrage gestellt werden. Denn was Gott verbunden hat, darf der Mensch nicht trennen. Und diese Gemeinschaft in Christus hat gerade auch in den Gottesdiensten beider Konfessionen ihren festen Ort. Leben Sie das und fordern Sie das ein. Und auch die Gemeinschaft am Tisch des Herrn sollte selbstverständlich sein, auch wenn es an vielen Orten noch Wunschvorstellung ist. Lasst uns alle miteinander dieses Ziel nie aus den Augen verlieren.

Diese Einheit ist aber nie Selbstzweck, wenn wir unseren Bibeltext ernstnehmen. Denn Jesus betet, »damit die Welt glaubt«. Dies gilt für Sie in Ihrer Verantwortung vor den kommenden Generationen. Dies gilt für Sie mit Ihrem besonderen Auftrag als konfessionsverbindendes Paar. Dies gilt für uns alle, die wir hier und heute gemeinsam mit dem Brautpaar vor Gott stehen: Einheit und Gemeinschaft von Christen sind nicht Selbstzweck, sie sollen vielmehr zu dem Gott einladen, der Mensch geworden ist. Das klingt vielleicht erschreckend und unerreichbar. Doch die Weitergabe des Glaubens geschieht gerade auch im Kleinen. Denn das zaghafte Bekenntnis am Arbeitsplatz oder in der Schule, im Sportverein oder am Stammtisch, warum jemand Christ ist oder auch nur, warum er Jesus interessant findet, kann wichtiger sein als eine ganze Predigt. Und ein einziges klares Wort in der Welt, in dem Gottes zorniges »Nein« zu Friedlosigkeit, Selbstsucht oder Verachtung des Lebens deutlich wird, kann wichtiger sein als das schönste Gemeindefest oder das intensivste Granteln über die böse Welt hinter verschlossenen Türen. Und schließlich kann unser Tun und Lassen auch im Kleinen ein lebendiges Zeugnis abgeben, wenn wir gemeinsam die Welt gestalten, die Gott liebt.

Ihnen, liebes Brautpaar, traut Jesus mit seinem Gebet auf Ihrem Weg etwas zu. Er möchte Ihr Leben füllen, damit es dem Alltag Stand hält. Er möchte Sie zu Zeugen seiner einen Kirche machen. Er möchte Ihr Herz lebendig machen, damit Sie andere zum Leben einladen. So dürfen Sie gemeinsam in ein Leben starten, das aus der Hoffnung lebt – der Hoffnung für diese Welt und der Hoffnung auf die umfassende Gemeinschaft, die Gott über diese Welt hinaus schenkt. Mit dieser Hoffnung segne Sie Gott Ihr Leben lang.

Traufragen

Aus den Worten der Heiligen Schrift habt ihr gehört, was Gott von euch will und was er euch schenkt. So bittet ihn um seinen Beistand: Heiliger, barmherziger Gott, du lenkst und regierst die Herzen. Gib uns die Kraft deines Heiligen Geistes, damit wir unser Versprechen halten.

Evangelische/r Zelebrant/in: Und nun frage ich euch vor Gott und vor dieser Gemeinde: N. N. und N. N., glaubt ihr, dass Gott euch einander anvertraut hat und euch in eurer Ehe segnen will? Wollt ihr nach seinen Geboten leben und euch lieben und ehren? Wollt ihr im Vertrauen auf Jesus Christus einander in Freud und Leid die Treue halten, solange ihr lebt, dann antwortet: Ja.

Braut und Bräutigam: Ja.

Konsenserklärung

Katholischer Zelebrant: Erklärt nun, dass ihr einander vor Gottes Angesicht als Mann und Frau annehmen wollt.

Bräutigam: N. N., ich nehme dich an als meine Frau und verspreche dir die Treue in guten und in bösen Tagen, in Gesundheit und Krankheit. Ich will dich lieben, achten und ehren, solange ich lebe.

Braut: N. N., ich nehme dich an als meinen Mann und verspreche dir die Treue in guten und in bösen Tagen, in Gesundheit und Krankheit. Ich will dich lieben, achten und ehren, solange ich lebe.

Übergabe der Ringe

Zelebrant/in: Steckt einander die Ringe an als Zeichen eurer Liebe und Treue.

Braut steckt ihm den Ring an und fährt fort: Trage diesen Ring als Zeichen der Liebe und Treue. Im Namen des Vaters und des Sohnes und des Heiligen Geistes.

Bräutigam steckt ihr den Ring an und fährt fort: Trage diesen Ring als Zeichen der Liebe und Treue. Im Namen des Vaters und des Sohnes und des Heiligen Geistes.

Übergabe der Traubibel

Evangelische/r Zelebrant/in: Eine christliche Ehe lebt von Gottes Wort, das mit Jesus Christus in die Welt gekommen ist. Die Bibel bezeugt dieses Wort in einmaliger Weise. So nehmt diese Traubibel mit hinein in euren Ehealltag: Fragt nach Gottes Wort und gebt es an die kommenden Generationen weiter.

Evangelische/r Zelebrant/in übergibt die Bibel.

Gebet und Segnung

Zelebrant: Lasst uns für diese Eheleute beten.

Herr, unser Gott, erleuchte diese Eheleute durch dein Wort und erhalte sie in deiner Liebe, dass sie bleiben in deiner Gemeinde und das ewige Leben erlangen.

Anderer Zelebrant: Kniet nieder und lasst euch segnen.

Das Paar kniet nieder, Zelebranten legen beiden die Hände auf.

Zelebranten gemeinsam: Der Segen des allmächtigen Gottes und des Heiligen Geistes komme über euch und bleibe bei euch, jetzt und immerdar.

Fürbitten und Vaterunser

Fürbitten können von Freunden und Verwandten vorgetragen werden.

Lasst uns beten zu Gott, unserem Vater, zu Gott, der die Liebe ist:
- Wir beten für diese Eheleute: dass sie glücklich werden in ihrer Ehe und ihr Leben miteinander voll Freude sei.
- Dass sie einen Beitrag leisten zur Einheit der Christen und dass sie für die kommenden Generationen Brücken zwischen den Konfessionen bauen.
- Dass ihre Liebe wachse durch all die Jahre ihres Lebens und dass sie auch in Stunden der Einsamkeit und Enttäuschung füreinander da sind und immer wieder neu zueinander finden. Lasst uns zu Gott rufen:

  Antwortruf: EG 178,12 oder EH 7 »Kyrie«
- Für alle, die diese beiden Menschen bis hierhin geleitet haben: für ihre Eltern, die ihnen das Leben gaben; für ihre Familie, in der sie aufwuchsen.
- Für alle, die ihnen in Freundschaft verbunden sind, und für alle, die den Glauben an Gottes Güte in sie hinein gepflanzt haben: dass er uns alle in diesem Dienst und in der Liebe Jesu Christi ein Leben lang bewahre.

  Lasst uns zu Gott rufen:

  Antwortruf
- Für alle, die sich ihr Jawort zur Lebensgemeinschaft gegeben haben, dass sie in Freude und Leid zusammenstehen und einander die Lasten des Lebens tragen.

- Für die Eheleute, die es schwer miteinander haben, die sich fremd geworden sind und die mit der Enttäuschung ringen: dass sie nicht aufhören, einander zu suchen, und dass sie Verständnis und Geduld füreinander aufbringen, weil unser Leben immer wieder nach einem neuen Anfang verlangt.

Lasst uns zu Gott rufen:

Antwortruf

Herr, unser Gott, es ist dein Werk, das dich verherrlicht, wenn es in der Welt Liebe gibt und wenn Menschen in Liebe zueinander finden. Wir bitten dich: Öffne unser Herz für das Wort der Liebe. Für die Botschaft deines Sohnes, unseres Herrn Jesus Christus, der es uns gesagt hat und wir haben es geglaubt, dass du selbst die Liebe bist, barmherzig und treu, unser Gott und Vater, in alle Ewigkeit. Und höre uns, wenn wir vereint mit der ganzen Christenheit zu allen Zeiten und an allen Orten beten, wie du uns zu beten gelehrt hast:

Vater unser im Himmel …

Segen

Evangelische/r Zelebrant/in: Der Herr segne und behüte euch, der Herr lasse sein Angesicht leuchten über euch und sei euch gnädig, der Herr hebe sein Angesicht auf euch und schenke euch seinen Frieden.

Katholischer Zelebrant: Und euch alle, die ihr hier versammelt seid, segne der allmächtige Gott, der Vater, der Sohn und der Heilige Geist.

Beate und Jörg Beyer

Miteinander auf dem Gipfel
Trauungsgottesdienst für ein exemplarisches Erlebnismilieu

Vorbemerkung
Wenn Menschen heute in der Kirche ein familiäres Ritual feiern wollen (nicht immer ist mit dieser Option schon ein Sakrament im kirchlichen Sinne gemeint), nimmt der Wunsch zu, dieses nicht »von der Stange«, sondern individuell gemäß der eigenen Biographie zu gestalten. Gerade Paarbeziehungen zeichnen sich heute dadurch aus, dass sie einem bestimmten Erlebnismilieu verbunden sind. Die folgende Liturgie wurde zusammen mit einem Ehepaar entworfen, für das eine wichtige gemeinsame Grundlage das Erlebnismilieu Outdoor/Sport/Berge bildet. Die Trauung selbst fand in einer Bergkapelle statt, ist aber ohne Weiteres übertragbar auf eine Kirche, wenn zu dieser durch ein Stück Natur hingewandert werden kann. Die liturgischen Vorschläge sind so beschrieben, dass sie exemplarisch für ähnliche Erlebnismilieus verwendet werden können. Ohne weiteres lässt sich diese Form auch für eine Paarfeier nach einem bestimmten Abschnitt der Ehe verwenden.

Beginn: Der Weg zur Kirche
Alle Hochzeitsgäste treffen sich und wandern gemeinsam zur Hochzeitskirche. Sie werden eingeladen, auf Zetteln festzuhalten, was sie Schönes auf dem Weg wahrnehmen. Diese Gedanken werden dann zum »Gloria« vorgelesen, verbunden mit einem entsprechenden Liedvers, der jeweils wiederholt wird.

Zeichenhandlung: Packen des Eherucksacks
Ich packe euch ein *Taschenmesser* in den Rucksack. Es ist nützlich bei vielen Kleinigkeiten vom Auseinanderschneiden des Brotes bis hin zum Entkorken der Weinflasche. In der Ehe braucht es oft das alltägliche Know-how, wie Zweisamkeit, Haushalt, Beziehungen, Beruf, Kindererziehung am besten zu organisieren sind.
Mögt ihr euch gegenseitig in den vielen praktischen Kleinigkeiten weiterhelfen. Mögt ihr gemeinsam kompetent werden im Alltag des Ehelebens. Und möge euer Glaube sich als praktisch erweisen.

Ich packe euch *Kompass* und *Landkarte* ein. Sie sind immer nützlich, besonders aber, wenn ihr Wege geht, die noch niemand ging, um Spuren zu hinterlassen und nicht nur Staub. Doch ihr müsst euch einüben, die Karte zu lesen und den Kompass richtig einzusetzen.
Mögt ihr einander weiterhelfen, die Zeichen zu verstehen und euch zu orientieren. Und mögt ihr erfahren, dass da einer ist, der euch auch nach Irrwegen wieder die richtige Richtung weist. Und mögt ihr spüren, dass dieser zugleich das Ziel ist.

Ich packe euch eine *Regenjacke* ein. Mit dieser Regenjacke könnt ihr euch bei fast jedem Wetter aufmachen. Obwohl sie atmungsaktiv ist, schwitzt man mit ihr und sie engt auch das Gesichtsfeld ein. Aber mit ihr braucht ihr nicht immer den Sonnenschein, um glücklich unterwegs zu sein.
Mögt ihr euch gegenseitig aufmuntern, wenn der Luftdruck fällt und schlechtes Wetter ansteht. Mögt ihr gemeinsam entdecken, wie ihr widrigen Verhältnissen trotzen könnt. Und mögt ihr euch dabei reich beschenken lassen.

Ich packe euch *Schokolade* ein. Es ist eine leckere Schweizer Schokolade. Sie lässt sich wunderbar in den Pausen am Wegrand genießen. Obwohl sie nicht schwer zu tragen ist, gibt sie eine Menge Energie.
Mögt ihr auf eurem Weg genug Pausen machen und Muße finden, diese zu genießen. Mögt ihr euch gegenseitig zu Pausen einladen und einander verwöhnen. Und mögt ihr einander mit allen Sinnen begegnen.

Ich packe euch einen *Verband* ein. Dieser ist für Notsituationen gedacht, wenn sich jemand verletzt. Wer unterwegs ist, muss immer damit rechnen, dass ihm etwas zustößt. Niemand ist davor gefeit. Doch mit dem nötigen Respekt vor der Natur werdet ihr größere Unfälle vermeiden und mit ein wenig Geschick könnt ihr die kleineren Verletzungen damit verbinden.
Mögt ihr gemeinsam aufeinander aufpassen, damit euch nichts Schweres zustößt. Möge Gottes Schutzengel bei euch sein, damit ihr nach allen Stürzen wieder aufstehen könnt. Und mögt ihr einander verbinden, wenn einer von euch Hilfe braucht.

Ich packe euch einen *Fotoapparat* ein. Wir können zwar auch allein mit unseren Sinnen jeden Augenblick genießen. Aber es ist doch schön, die eigene Erinnerung mit Fotos lebendig zu halten und manches Detail durch das Okular genauer zu betrachten und aufzubewahren.

Mögt ihr Zeiten verbringen, in denen ihr euch dankbar erinnert und auf euren Lebensweg zurückschaut. Mögt ihr euch gegenseitig von euren inneren Bildern erzählen. Und mögt ihr zugleich darum wissen, dass das Wesentliche unsichtbar bleibt.

Ich packe euch eine *Trinkflasche* ein. Wasser ist das Lebensnotwendigste, das Urelement, aus dem heraus alles Leben geboren wurde. Wasser löscht den Durst, erfrischt, reinigt.

Mögt ihr Gelegenheiten finden, euch miteinander über euren Durst, eure Sehnsucht, auszutauschen. Möge die Trinkflasche mit biblischen Geschichten und anderen Weisheiten immer gefüllt und griffbereit sein. Und mögt ihr euer Wasser mit anderen teilen können.

Schrifttexte

Mi 4,1–5   Die Völkerwallfahrt zum Berg Zion
Mk 9,2–10 Die Verklärung Jesu auf dem Berg

Ansprache

> Wie oben ausgeführt muss in einem solchen Gottesdienst eine Ansprache sehr persönlich gehalten werden. So werden im Folgenden nur einige grundlegende Gedanken zu den beiden Bibelstellen genannt, die auch kombiniert werden können und mit den Gedanken und Überzeugungen des Ehepaars ins Spiel gebracht werden.

Zu Mi 4,1–5

Es ist eine ungewöhnliche Hochzeitslesung. Doch sie macht deutlich, dass für eine christliche Ehe wichtig ist, sich nicht nur gegenseitig anzuschauen, sondern gemeinsam in dieselbe Richtung zu blicken. Von dieser Richtung erzählt der Prophet Micha. Denn mit seiner Vision vom Ende der Zeiten will er den Menschen in seiner Zeit Mut und Orientierung geben. Der große Schalom, umfassender Friede und Wohlergehen für alle Menschen, beginnt im Kleinen. Eure Wege in die Berge können von diesem großen endgültigen Versöhnungsweg erzählen. Vielleicht macht ihr es euch zur Angewohnheit, in schwierigen Momenten euch im wahrsten Sinne des Wortes auf den Weg zu machen. Wo ihr in spannungsvollen Lebensphasen das Schwert des Mundes gegen den anderen nicht zieht und nicht mit der Lanze des Vorwurfs zustecht, sondern die darin enthaltene Kraft zur Pflugschar einer konstruktiven Auseinandersetzung und zum Winzermesser versöhnender Umarmung macht, wird in eurer Beziehung etwas von der großen Vision des Propheten Micha spürbar. Neben dem besonderen Erlebnis und neben der sportlichen Herausforderung, die für euch die Berge auch sind, werdet ihr merken, dass die Berge euch noch etwas anderes sagen: Von dort komme die Weisung des Herrn, meint der Prophet. Wenn ihr auf die Berge steigt, werdet ihr Zeit finden, in euch hineinzuhorchen, werdet ihr die nötige Orientierung entdecken. Wo ihr auf Gipfeln, die ihr gemeinsam erklimmt, euch nicht nur gegenseitig in die Arme nehmt, sondern zugleich die Welt mit all ihrer Not annehmt, werdet ihr erfahren, dass ihr die verheißene große Wanderung am Ende der Zeiten vorbereitet und ermöglicht.

Zu Mk 9,2–10

Wir feiern Hochzeit, einen Gipfel des Lebens. Es ist eine Ursehnsucht des Menschen, solche Augenblicke festhalten zu können. Darum geht es schon in der berühmten Wette in Goethes Faust: Wird es Mephisto gelingen, den nie zufriedenen ständig weitersuchenden Faust dazu zu bringen, dass er zum Augenblick sagt: »Verweile doch, du bist so schön?« Petrus erlebt auf dem Berg Tabor so etwas einzigartig Schönes, das er gerne mit dem Bau der Hütten festhalten würde. Doch das geht nicht. Sie müssen alle wieder hinunter ins Tal des Alltags. Ist das Gipfelerlebnis also nur ein kurzer Rausch, der womöglich die Rückkehr ins normale Leben nur unnötig schwierig macht? Ein Hochzeitsfest ist ja ein solcher Gipfel, einzigartig, klar, voll Genugtuung angekommen zu sein. Doch er lässt sich nicht mitnehmen. Und doch feierten Menschen an allen Orten Hoch-Zeiten. Zu allen Zeiten suchten Menschen Gipfelerlebnisse, oft ganz konkret auf den Bergen, die in allen Kulturen und Religionen als besondere Orte Gottes gelten. Und niemand kehrt mit leeren Händen von dort zurück. Die schönen Erinnerungen können auch später helfen, vielleicht gerade in schwierigen Zeiten, nach innen zu kommen und sich neu stärken zu lassen. Es ist deshalb sinnvoll, den zugleich mühsamen wie lustvollen Weg auf die Berge stets von neuem zu unternehmen, um neu das besondere Etwas zu erleben, wofür niemand Worte hat. Dies ist wohl so, weil dabei etwas von dem Geheimnis des Lebens selbst spürbar wird, von dem Geheimnis, das auch euch zusammengeführt hat und das wir Gott nennen.

Fürbitten

Wir wollen zu Gott für verschiedene Menschen beten. Wir antworten auf jede Bitte nach einer kurzen Stille mit den Worten: Geh mit ihnen auf ihrem Weg.
- Wir beten für N. N. und N. N., die sich getraut haben. Mögen sie Hoch-Zeiten und himmlische Stunden erleben. Mögen sie aber auch in den Alltag der Ehe hinabsteigen und in deinem Geist schwere Stunden durchtragen können und dabei in ihrer Liebe wachsen.
- Wir beten für die Angehörigen und Freunde der beiden. Wir beten für die, die sich heute mit ihnen freuen, ob sie da sein können oder nicht. Wir beten aber auch für die, die diesen Tag nicht mehr erleben können, weil ihr Weg sie schon aus dieser Welt hinausgeführt hat. Möge dieses Fest das Band mit den beiden festigen.
- Wir beten für Menschen, die Mühe haben, sich in ihrer Verschiedenheit zu akzeptieren und in der Gefahr sind, sich gegenseitig zu attackieren. Möge es ihnen gelingen, in deinem Geist das Wort des Schwertes in Pflugscharen umzuschmieden.
- Wir beten für die Menschen, denen es nicht mehr gelingt, ihren gemeinsamen Eheweg fortzusetzen. Wir beten für die, die nicht mehr daran glauben können, dass Treue bedingungslos gelebt werden kann. Möge dein Geist ihnen Wege eröffnen, die in die Zukunft führen.
- Verweilen wir noch einen Moment in Stille und stellen wir die Menschen, an die wir denken, vor Gott.

Gott, du begleitest uns auf manchen Gipfel, ob wir uns dessen bewusst sind oder nicht. Zeige uns die Kraft deiner Begleitung in den Höhen und in den Tiefen unseres Daseins. Darum bitten wir durch Jesus Christus, unseren Bruder und Herrn.

Segen

Der Herr sei vor euch, um euch den rechten Weg zu weisen.
Der Herr sei neben euch, um euch in schwierigen Momenten zur Seite zu stehen.
Der Herr sei unter euch, damit ihr stets festen Boden unter den Füßen habt.
Der Herr sei hinter euch, um euch den Rücken zu stärken.
Der Herr sei über euch, um euch auf eurem Lebensweg zu segnen.

Michael Schindler

Trauungsansprachen zu verschiedenen Symbolen und Anlässen

Schutz
Ansprache zu Ps 91

· · · · · · · · · · · · · ·

Ihr besiegelt heute euren Lebensweg vor dem Altar, vor Gottes Angesicht. Ihr stellt euer Leben unter Gottes Schutz – und das ist gut so!

Jeder Mensch braucht Schutz
Schutz ist ein Grundbedürfnis wie Nahrung, Kleidung und Liebe. Ohne Schutz kann keiner leben. Der Embryo im Mutterschoß ist schutzbedürftig. Das Kleinkind braucht Schutz. Wir haben vor nicht allzu langer Vergangenheit bedrückende Schicksale von Kindern gehört, die gewalttätigen Eltern schutzlos ausgeliefert waren. Und dabei haben anscheinend die Schutzorganisationen auch versagt. Der Mensch braucht Schutz! Das Schulkind braucht Schutz: auf dem Schulweg, in der Klasse vor schlechtem Einfluss oder gar vor Gewalt. Jedes Lebensalter braucht Schutz. Nicht zuletzt das Alter, in dem so mancher sehr schutzlos ist! In vielen Lebenssituationen brauche ich Schutz: den Schutz der Kleidung gegen Kälte oder Sonne – auch, damit ich nicht bloßgestellt werde. Ich brauche ein schützendes Dach über dem Kopf, einen geschützten Lebensraum, eine Intimsphäre. Meine Ehre braucht Schutz, denn ich habe ja auch Schwächen und mache manches falsch. Wie schnell ist der gute Ruf ruiniert! Ich brauche den Schutz von Menschen, die Geheimnisse wahren können, die mich vor der Bösartigkeit anderer in Schutz nehmen und Partei ergreifen. Nicht zuletzt brauche ich den Schutz des Gesetzes, das meine Rechte schützt. Ohne Schutz kann ich in dieser Welt nicht leben.

Vom Schutz redet auch der 91. Psalm
»Wer im Schutz des Höchsten wohnt / und ruht im Schatten des Allmächtigen, / der sagt zum Herrn: Du bist für mich Zuflucht und Burg, / mein Gott, dem ich vertraue.«
Diese Psalmverse stellen mein Leben unter Gottes Schutz. Sie reden von Gott als dem »Höchsten« und »Allmächtigen«. Ich stehe nicht unter dem Schutz von irgendjemandem, sondern unter dem Schutz des Höchsten. Und dieser Höchste

ist allmächtig. Eine Schutzburg reicht so weit, wie ihre Mauern gehen. Menschlicher Schutz ist begrenzt. Auch der stärkste Beschützer stößt irgendwann auf seine Grenzen. Gott, so verheißt der Psalm, ist der Höchste, keiner kann ihm etwas anhaben. Und er ist allmächtig; nichts ist für ihn unmöglich. Wahrhaftig: ein mächtiger Schutz!

Dann entfaltet der Psalm diesen Schutz in Bildern

»Er befreit mich aus der Schlinge des Jägers«, schützt vor dem Leid, das durch die Hinterlist von Menschen entsteht. Wer kennt sie nicht, diese widerlichen Fallensteller, die dich mit Freundlichkeit ausspionieren, um dir anschließend daraus einen Strick zu drehen! Wer kennt sie nicht, diese Meister des Kleingedruckten, das du überlesen sollst und das dir anschließend zum Verhängnis wird.

»Er schützt dich vor dem Schrecken der Nacht.« Menschen fürchten das Dunkel. Da siehst du nicht, was kommt, urplötzlich steht es bedrohlich vor dir. Das Dunkel der Nacht steht auch für so manches Dunkel im Leben. Du fühlst dich bedroht, die Zukunft liegt dunkel vor dir, es sieht finster aus. Nicht zuletzt das Dunkel des Todes bedroht mich.

»Und er schützt dich vor dem Pfeil und der Seuche, die dich am hellen Tag treffen kann.« Ja, auch am helllichten Tag brauchst du Schutz. Gemeinheit, die wie ein Pfeil trifft, kennt keine Tageszeit. Unheil kann dich aus heiterem Himmel treffen. Wie oft schon bin ich beim Autofahren zusammengezuckt: »Jetzt habe ich aber einen Schutzengel gehabt!«

Gottes Schutz im Leid?

Vor solchen bösen Erfahrungen will der Allerhöchste dich schützen, singt der Psalm. Gleichzeitig weiß ich: Auch wenn ich das bete und glaube, kann es mich treffen. Warum schützt Gott nicht, wenn er es doch zuspricht? Wenn ich genau hinsehe: Da steht nicht: »Es wird dich nicht treffen«, sondern »Du brauchst dich davor nicht zu fürchten«. Später heißt es im Psalm: »Seinen Engeln befiehlt er, dich zu behüten auf all deinen Wegen. Sie tragen dich auf ihren Händen, dass du deinen Fuß nicht an einen Stein stößt.« Das meint auch: Dein Leben ist kein steinloser Weg. Gott räumt dir nicht alle Steine und Beschwernisse aus dem Weg. Aber er ist an deiner Seite, um dich zu schützen.

Gott führt meinen Lebensweg nicht am Leid vorbei, aber er begleitet mich durch Schweres hindurch. Sein Dasein ist sein Schutz! Darum schließt der

Psalm mit dem Versprechen Gottes: »Ich will ihn schützen, denn er kennt meinen Namen. / Ich befreie ihn und bringe ihn zu Ehren. / Ich sättige ihn mit langem Leben / und lasse ihn schauen mein Heil.«

Gottes Schutz für euch zwei
Ihr stellt heute euren gemeinsamen Weg unter Gottes Schutz. Sein Schutz soll euch eine sichere Burg sein in guten und in schweren Zeiten.

Heribert Arens

Auf Rosen gebettet
Ansprache zum Symbol Rose

. . . .

SCHRIFTEXTE
1 Kor 12,31b–13,8a   Das Hohelied der Liebe
Joh 15,12–17   Liebt einander

EHELICHE LIEBE – KONKRETISIERT IM SYMBOL DER ROSE
»Du bist für das verantwortlich, was du dir vertraut gemacht hast. Du bist für deine Rose verantwortlich«, sagt der kleine Prinz in der gleichnamigen Erzählung von Antoine Saint-Exupéry.
Diese Geschichte hat euch gut gefallen, wir hören deshalb nachher den Abschnitt mit der Rose daraus. Ich möchte nun versuchen, das, was eine Rose ausdrücken kann, für euch und für uns zu entfalten.

UNTER DER ROSE GESAGT
»Unter der Rose gesagt« – so lautet ein Gedichtband des Schriftstellers Hans Günter Saul. Er spielt damit auf einen mittelalterlichen Brauch an: Was einer einem anderen unter einem Rosenstock oder unter dem Bild einer Rose sagt, das wird nicht weitererzählt, darüber wird Stillschweigen bewahrt. So manche Schuld wurde »unter der Rose« vergeben, so manches Paar gestand einander »unter der Rose« ihre Liebe. Sie alle konnten sicher sein, das kommt nicht an die Öffentlichkeit.
Auch heute brauchen wir alle einen geschützten Raum, der Vertrautheit garantiert, wir brauchen Menschen, die das ihnen Anvertraute für sich behalten. Da können wir uns wohl und geborgen fühlen, wir können uns entfalten. Besonders gilt dies für die Ehe, der geschützte Raum für unser Brautpaar. Sie werden sich einander viel mitteilen können, einfach »unter der Rose« gesagt.

ROSE – SYMBOL DER LIEBE
Die Rose ist schön und edel, strahlt Sonne und Wärme aus. Rosen werden verschenkt am Geburtstag und am Hochzeitstag, immer dann, wenn einer dem anderen seine Gefühle mitteilen möchte, seine Zuneigung, seine Liebe.

In der Lesung, die das Brautpaar ausgesucht hat, kommt die Wichtigkeit der Liebe zum Ausdruck: Ohne Liebe wäre alles nichts! Jegliche Liebe gründet in Gottes Liebe. Denn »Gott ist die Liebe« lesen wir im Johannesbrief, »und wer in der Liebe bleibt, der bleibt in Gott und Gott in ihm«. Oder mit den Worten des heiligen Augustinus: »Wenn du die Liebe siehst, siehst du Gott.« Für all das steht die Rose, an all das kann sie erinnern.

Grüne Blätter

Die Rose hat auch grüne Blätter. Diese Blätter sind Zeichen der Hoffnung, dass eure Liebe und euer Vertrauen immer stärker ist, was auch geschieht. Die grünen Blätter bedeuten die Hoffnung, dass Gott euch immer wieder seine Nähe zeigt und sie euch spüren lässt. Auch dass euer Trauspruch aus dem Korintherbrief sich verwirklicht: Dass ihr in eurer Liebe alles miteinander tragen könnt, dass euer Glaube und eure Hoffnung stark werden, damit ihr allem Schwierigen standhalten könnt. Und dass eure Liebe nicht aufhört.

Duft

Mahatma Gandhi wurde einmal von Missionaren gefragt: »Was müssen wir tun, um Hindus zu Christen zu machen?« Da antwortete er: »Denken Sie an das Geheimnis der Rose. Alle mögen sie, weil sie duftet. Also duftet bitte, ihr Christen!« Der Duft, den eine Rose ausströmen kann, ist betörend. Er kann den ganzen Raum erfüllen. In eurer Ehe sollt ihr einander »dufte« finden und anziehend, ihr sollt einander »riechen« können. Denkt daran, wenn ihr an einer Rose schnuppert.
Wir können alle daran denken, dass wir Gott ebenso auf die Spur kommen können, weil er sich finden lässt, weil er uns Menschen schon lange »leiden« kann. Mit den Worten des Evangeliums gesagt: »Nicht ihr habt mich erwählt, sondern ich habe euch erwählt.«

Dornen

An den schönen Rosen kann man sich auch verletzen – sie tragen Dornen. Die Dichterin Mascha Kaleko findet das aber nicht so tragisch, wenn sie schreibt: »Dass jede Rose Dornen hat, / scheint mir kein Grund zu klagen, / solange uns die Dornen nur / auch weiter Rosen tragen.«
Ihr werdet im Alltag erfahren, dass ihr nicht immer nur »auf Rosen gebettet« seid, dass auch hin und wieder Dornen zu spüren sind. Da gibt es vielleicht mal

Missverständnisse, ein böses Wort, Verletzungen und Enttäuschungen. Die Rose kann euch erinnern, nicht nur die Dornen zu sehen, sondern auch das Schöne, Gute und Liebevolle am andern.

Die Rose kann euch motivieren, einander zu vergeben und in Liebe neu durchzustarten. Im Leben jedes Menschen gibt es »Dornen«: Da misslingt etwas, ein Unfall passiert, eine schwere Krankheit belastet, ein geliebter Mensch stirbt. Alles Dornen, Verletzungen, die schmerzen. Aber »solange uns die Dornen nur auch weiter Rosen tragen«, sehen wir im Leben auch das andere, das Positive. Das vor allem im Wissen und im Glauben, dass Gott zwar nicht alles Störende beseitigt, aber – das sagt ja sein Name »Jahwe« – mit uns geht, uns immer wieder aufrichtet und stärkt.

Treue

Unter der Blüte hat die Rose fünf Kelchblätter. Sie bleiben, auch wenn die Rose verblüht ist oder eine Zeitlang starker Frost herrscht. Diese Kelchblätter weisen auf die Treue hin, auf das Beständige.

Ihr versprecht einander nachher Treue in guten wie auch in schlechten Tagen, in Gesundheit wie auch in Krankheit. Alle Tage eures Lebens wollt ihr einander beistehen – so wie es der kleine Prinz formuliert hat: »Die Zeit, die ich für meine Rose verloren habe«, macht sie so wichtig. »Ich bin für meine Rose verantwortlich.«

Ihr spürt und erfahrt, wie gut es tut, wenn der eine sich auf den anderen verlassen kann, welch große Sicherheit das gibt. Auf Gott jedenfalls – so die biblische Botschaft – könnt ihr euch immer verlassen. Er segnet und heilt euren ehelichen Bund. Wir hören es nachher: »Gott ist treu. Er wird das Gute, das er begonnen hat, auch vollenden.«

Wunsch

In diesem Sinn wünsche ich euch »rosige« Zeiten – viel Freude miteinander und aneinander und die Erfahrung, dass Gott euren Ehebund segnet und euch begleitet!

Hans Haiber

Die Predigt ist entstanden nach einer Idee aus: Familien- und Jugendgottesdienste, Verlag Bergmoser & Höller, Juli/August 1996.

Stilllegung oder Betrieb auf Dauer?
Ansprache zum Symbol Eisenbahn

· · · · · · · · · · · · · · · · · · · ·

Hochzeitsfoto: Bahnhof
Hochzeit feiert Ihr heute – großer Bahnhof ist euch heute bereitet worden, und das im doppelten Sinne des Wortes: Dutzende Leute feiern schon hier mit euch in der Kirche, später dann noch mehr im Saal – und ihr habt euch für das Hochzeitsfoto auch einen Bahnhof ausgesucht. Und so liegt es nahe, eure Eheschließung heute mit der guten alten (und modernen) Eisenbahn zu vergleichen, die Ehe sozusagen als Lebensgleis zu sehen …

Zwei Schienen
Nun, aus zwei Schienen besteht ein Eisenbahngleis, weiterhin aus vielen Schwellen, die auf dem Schotterbett ruhen. Mit den beiden Schienen möchte ich euch in Zusammenhang bringen: Ihr seid in derselben Spur, braucht aber nicht im anderen aufzugehen, ihr bleibt eigenständig – jeder ist seine eigene Person, auch wenn ihr am Horizont scheinbar zusammenlauft. Und damit seid und bleibt ihr äußerst tragfähig!

Getragen
Selbst getragen wurdet und werdet ihr von vielen Menschen in eurem Leben, die euch zur Geradlinigkeit und Festigkeit erzogen haben: Eltern, Großeltern, Geschwister vielleicht, Tauf- und Firmpaten. Sie sind sozusagen die Bretter, die Bohlen für euer Lebensgleis, alles das, was Stabilität und Sicherheit bedeutet. Vielleicht ist es ein Vergleich, der ein wenig gewagt ist, er möge mir notfalls verzeihen: Das Schotterbett, den Gleisschotter, möchte ich mit unserem Herrgott vergleichen. Ihr als Paar ruht in ihm, er fängt die Stöße des Lebens auf, auch des Lebens eurer Verwandten, er trägt euch auf den geraden Strecken, aber auch in den Kurven eures Lebens.

Nicht totzukriegen
Erlaubt mir aber noch einen etwas weiter gefassten Vergleich: Wie oft ist wohl schon die Ehe totgesagt, für veraltet und nicht tragfähig erklärt worden – ist es der Eisenbahn nicht auch oft so ergangen? Sie sei nicht mehr modern, nicht

gefragt, nicht mehr zeitgemäß ... Und trotzdem hat sie alle Schmähungen überdauert, ist sie nicht totzukriegen, immer wieder reaktiviert worden die Ehe und die Eisenbahn.

Das Gleisbett: Gott

Wenn ihr jedenfalls in eurem Eheleben tatsächlich versucht, auf den Schotter acht zu geben (und hier meine ich wieder nicht irgendwelches Geld, sondern das Gleisbett, das bei meinen Worten ja für den tragfähigen, belastbaren Gott steht), dann werdet ihr eben immer wieder Lücken auffüllen in eurer Liebe und Treue zu Gott, indem ihr ihm nahe bleibt, das Gebet sucht, euch gegenseitig segnet. Natürlich ist es nicht ausgeschlossen, dass Liebe und Zuneigung im Leben unterspült werden, durch Lieblosigkeit, Feigheit, Unbedachtsamkeit – solche Schadstellen sind aber dann rechtzeitig Schicht für Schicht wieder aufzufüllen, bis die Tragfähigkeit des Lebensgleises wiederhergestellt ist.

Weichenstellungen

Natürlich wird es viele neue Weichen und Weichenstellungen im Leben geben: Kinder vielleicht, neue berufliche Wege, ein neuer Wohnort. Aber genauso selbstverständlich wünschen wir euch, dass eure Beziehung nie in einem unbeachteten, überwucherten, verrosteten Abstellgleis endet oder gar in einem Rückbau der ganzen Gleisanlage.

Freie Fahrt

Letztlich wünschen wir euch alle – eure Verwandten als die Gleisschwellen und Gott als das Schotterbett – viele grüne Signallichter und damit freie Fahrt für eure Beziehung: Hoffnung, Zufriedenheit, Freude, manchmal auch Ausgelassenheit.

Und dass ich allmählich zu Ende komme, dazu ist es jetzt »höchste Eisenbahn« – Gottes Segen für euch.

Markus Krell

Traut euch!
Ansprache mit zwei Geschichten

Dies jetzt ist eine Sternstunde eures Lebens. Ich möchte sie euch noch heller machen durch den Lichteinfall vom Evangelium her, von Jesus her, der diesen Augenblick – und, wenn ihr wollt, das ganze Leben – zu durchleuchten vermag. Und ich möchte euch das, was dazu zu sagen ist, unvergesslich machen, ganz einfach durch zwei kleine Geschichten, die, anders als trockene, abstrakte Wahrheiten, eure Ehe durchsichtig machen können auf ihren gottgewollten Sinn und ihr Ziel.

Der Blinde und der Lahme

Ein Blinder und ein Lahmer wurden von einem Waldbrand überrascht. Die beiden gerieten in Panik. Der Blinde floh geradewegs auf das Feuer zu. »Flieh nicht dorthin!«, warnte der Lahme! »Wohin soll ich mich wenden?«, fragte der Blinde. »Ich könnte dir den Weg vorwärts zeigen, soweit du willst«, sagte darauf der Lahme, »wenn du mich auf deine Schultern nimmst. So kann ich dir angeben, wie du dem Feuer, den Schlangen und den Dornen aus dem Weg gehen kannst und wie wir glücklich in die Stadt kommen.« Da folgte der Blinde dem Rat des Lahmen und so gelangten sie beide wohlbehalten in die Stadt. Jeder für sich allein wäre umgekommen im Feuersturm. Aber da wurde der Blinde dem Lahmen zum Fuß und der Lahme dem Blinden zum Auge. Indem jeder dem anderen seine Stärke lieh und so die Schwächen des anderen aufwog, ergänzten sie sich.

Im Laufe eurer Liebesgeschichte habt ihr ähnliche Erfahrungen gemacht: Mein Leben gewinnt, wenn der Partner durch sein Anderssein, durch das, worin er stark ist, mich ergänzt. Und wenn beide Kräfte sich addieren, zusammenkommen, wird eine tragfähige Partnerschaft daraus, so fundamental, dass sie auch Feuerproben des Lebens besteht. Das ist eine uralte menschliche Erfahrung, die die Bibel in die Worte kleidet: »Es ist nicht gut, dass der Mensch allein ist, wir wollen ihm eine Gehilfin schaffen«, sagte Gott. Die Erschaffung der »Gehilfin« schildert die Bibel im Bild der Rippe, die ein Kirchenvater der frühen Kirche so gedeutet hat: »Gott hat die Frau nicht aus dem Haupt des Mannes geschaffen, dass er über sie herrsche, nicht aus dem Fuß des Mannes, dass sie seine Sklavin sei, sondern aus der Seite des Mannes, damit sie seinem Herzen nahe sei.«

Deutlich wird hier jede Ausnutzung und Ausbeutung des Partners ausgeschlossen und die Gleichberechtigung beider Ehepartner in die Mitte gerückt. Mag die eheliche Partnerschaft auch nicht ohne Nutzen und Gewinn für jeden Einzelnen sein, so ist doch die letzte ergänzende Kraft, die zwei Leben zusammenbindet, die Liebe. Eine Liebe, die das Ja zueinander besonders kostbar macht und Gewähr dafür bietet, dass es zu einem Versprechen wird, das auch eingehalten werden kann. Das Versprechen: »Ich nehme dich an als meine Frau/meinen Mann und verspreche dir die Treue in guten und in bösen Tagen, in Gesundheit und Krankheit. Ich will dich lieben, achten und ehren alle Tage meines Lebens.«

Dieses »Ja« ist das erste und wichtigste Zeichen dieser Feier. Daneben spielen die anderen Symbole der Eheschließung (Ringtausch, Handschlag) eher eine untergeordnete Rolle!

Es gehört zum Wesen der Liturgie, dass sie menschliche Urerfahrungen (Geburt, Heirat, Tod) inszeniert, darstellt, die dabei aufkommenden existentiellen Empfindungen des Menschen zeichenhaft zum Ausdruck bringt und eine sinndeutende Lösung anbietet.

Und so können wir feststellen: Dem »Ja«, das ihr euch gleich zusprecht, ist längst vorausgegangen das Ja Gottes zu eurem Leben. Gott ist kein verweigender, sondern ein Leben spendender, Horizont erweiternder, Hoffnung machender Gott. Darum hat er uns so entworfen, dass es da ein menschliches Zueinander gibt, eine letzte Dichte personaler Gemeinschaft zweier sich Liebender, die das große Ja Gottes zu ihrem Leben nun ratifizieren sollen in den alltäglichen Schritten eines gemeinsamen Lebensweges.

Ein Ja, das mit der Hilfe Gottes nicht mehr zurückgenommen werden soll und auch dann noch zugesprochen werden kann, wenn wir es vielleicht einmal nur zu stottern vermögen, weil es uns dann und wann etwas schwerer fallen könnte. Aber auf dem Hintergrund der großen Zusage Gottes müsste uns das so kurze, aber so inhaltsschwere und weittragende Ja zusammenstehen lassen können für ein langes, gemeinsames Leben.

Ich verkaufe nur Samen

Nun zur zweiten Geschichte: Am Tag vor ihrer Hochzeit hatte eine Braut folgenden Traum: Sie betritt mit ihrem Bräutigam einen Tante-Emma-Laden. Hin-

ter dem Ladentisch steht ein Engel und das Paar fragt ihn: »Was verkaufen Sie?« Der Engel antwortet: »Was wollt ihr denn?« Da zählt das Brautpaar seine Wünsche auf: »Ewiges Glück, lebenslängliche Treue, Kinder, Gesundheit und ein hohes Alter, Liebe und Frieden.« Da unterbricht der Engel das Brautpaar und sagt: »Entschuldigt, meine Lieben, ihr habt mich falsch verstanden. Ich verkaufe keine Fertigwaren, sondern nur Samen.«
kaufe keine Fertigwaren, sondern nur Samen.«

Der Same sind eure natürlichen Fähigkeiten, Mann und Frau sein zu können: die charakterliche Veranlagung, die Vorgabe der Liebe, die Entschlossenheit zu einem gemeinsamen Leben. Der Samen, das ist auch eure bisherige Liebesgeschichte und ihre Veröffentlichung vor vielen Zeugen am heutigen Trauungstag. Aber die eigentliche Arbeit beginnt erst jetzt: die Kultivierung, die Hege und Pflege dieser Gemeinschaft, das Zusammenstehen in guten Tagen, damit ihr auch in schlechten durchzutragen vermögt.

Das heißt im Klartext: Ihr dürft nie aufhören, umeinander zu werben, hin und wieder euch zurückzubesinnen, wie und warum es denn so angefangen hat mit euch beiden, und Zeit füreinander haben. Verdrängt nichts voreinander, sprecht euch aus und erhaltet den Frieden durch dauernde Versöhnungsbereitschaft. Diese Umsicht, Kraft und Investition lohnen sich. Und wenn ihr wirklich einmal Probleme habt, schiebt Lösungen nicht auf die lange Bank und haltet euch an Menschen eures Vertrauens, an Freunde oder Verwandte, an erfahrene Menschen, die euch raten können.

Eines dieser kostbaren Samenkörner, die ihr zur Frucht bringen sollt, ist nicht zuletzt der Glaube, die Durchleuchtung eurer ehelichen Gemeinschaft von Gott her. Wenn ihr an ihm festhaltet, werdet ihr auch von ihm gehalten. Wir haben ja vor uns das Bild eines durch und durch gelungenen Lebens, wenn wir auf Jesus schauen mit seiner Liebe bis zum Äußersten, mit seiner totalen Friedensliebe und seiner Hingabe bis in den Tod. Einer, der seine Erfahrungen mit ihm gemacht hat, hat sein Bekenntnis so zusammengefasst:[12]

Menschen
die aus der Hoffnung leben
sehen weiter

---

12 Lothar Zenetti, Verheißung, in: Ders. Sieben Farben hat das Licht. Worte der Zuversicht, Ostfildern 2008, 50.

Menschen
die aus der Liebe leben
sehen tiefer

Menschen
die aus dem Glauben leben sehen alles
in einem anderen Licht.

Max Huber

Ein Ja, das Leben schenkt
Ansprache zu einer Trauung mit Taufe

. . . .

SCHRIFTTEXT
Joh 15,9–11   Bleibt in meiner Liebe

JA SAGEN
Wenn ein Kind sprechen lernt, lernt es irgendwann auch »nein« zu sagen. Spätestens jetzt entdeckt es, dass es etwas ganz anderes wollen kann als Mutter und Vater, und dass es diesen eigenen Willen auch ausdrücken und zumindest versuchen kann, ihn durchzusetzen. Für die Eltern ist das nicht immer angenehm und willkommen, aber es ist für die Entwicklung des Kindes sehr wichtig, denn nur wer gelernt hat, etwas abzulehnen, kann sich auch wirklich für etwas entscheiden; nur wer »nein« sagen kann, kann auch wirklich und bewusst sein »Ja« sagen und dann dazu stehen.

Ihr habt uns alle eingeladen, um mit euch Hochzeit und Taufe zu feiern und beide Sakramente sind nicht zuletzt »Ja-Worte«, die wir Menschen uns gegenseitig schenken und die Gott uns im Zeichen des Sakramentes zuspricht.

Heute werdet ihr euch ein großes Versprechen geben – das Versprechen eures Lebens. Ihr werdet sagen: »Ich verspreche dir die Treue in guten und bösen Tagen, in Gesundheit und Krankheit, bis der Tod uns scheidet … ich will dich lieben, achten und ehren alle Tage meines Lebens.« Das ist ein ganz bewusstes »Ja«, das ihr zueinander sagt.

Sicherlich habt ihr euch dieses Versprechen mit anderen Worten schon oft gegeben, als ihr eure Liebe füreinander entdeckt habt, als ihr angefangen habt, euren Lebensweg gemeinsam zu gehen, als ihr wusstet, das ihr ein Baby haben werdet, als es geboren war … In dieser Feier nun wollt ihr öffentlich vor Gott und vor den Menschen »Ja« zueinander sagen, und wir alle sind gern gekommen, um das mit euch zu feiern.

FÜR EIN GANZES LEBEN
Aber – können wir Menschen denn eigentlich guten Gewissens ein solch großes Versprechen geben? Wir wissen doch gar nicht, was die Zukunft alles bringen wird und ob wir die Kraft haben werden, zu diesem Versprechen zu

stehen. Ist es nicht sehr kühn, ja geradezu unmöglich, sich mit einem solchen Ja-Wort für das ganze Leben zu binden?

Ich glaube fest, dass wir ein solches Versprechen geben können, weil Gott uns eine wunderbare Fähigkeit geschenkt hat, die uns eigentlich erst zum Menschen macht und die ein gutes Stück unserer Gott-Ähnlichkeit ausmacht – die Fähigkeit zu lieben.

Lieben

Lieben, das heißt ein ganz glückliches Gefühl haben, wenn der andere bei uns ist.

Lieben, das heißt den anderen immer schön finden können – weil wir viel tiefer schauen, als unser Auge sieht.

Lieben, das heißt das Leben mit dem anderen teilen wollen – weil wir spüren, dass wir erst zusammen ein Ganzes sind.

Lieben, das heißt dem anderen schon vergeben, noch bevor er darum bittet.

Lieben, das heißt auf das Glück des anderen bedacht sein – an jedem Tag, den wir leben dürfen.

Lieben, das heißt in glücklichen Tagen aneinander beschenkt sein, vor allem aber sich gegenseitig stützen und tragen, wenn dunkle Stunden kommen.

Mit einem Wort heißt einen Menschen lieben nichts anderes, als sich selbst an ihn zu verschenken, aus freier Entscheidung endgültig, ganz und ohne jeden Vorbehalt »Ja« zu ihm sagen.

Gott, die Quelle der Liebe

Vollkommen kann das nur Gott, der selbst die Quelle aller Liebe ist und der uns immer dann ganz nahe ist, wenn wir uns in Liebe verschenken. Aber die Fähigkeit zu lieben hat Gott auch uns Menschen geschenkt. Und er ist bei uns und will unsere Liebe stärken, besonders dann, wenn wir selbst nicht mehr wissen, welchen Weg wir gehen sollen. Deshalb könnt ihr im Vertrauen auf eure Liebe, in der ihr mit Gott verbunden seid, euch dieses Ja-Wort schenken. Dass ihr das in der Kirche tut, heißt ja viel mehr als: Ihr wollt es vor Gottes Angesicht tun. Es heißt zugleich, ihr bittet Gott um seinen Segen für euren Bund, ja ihr ladet Gott in euren Liebesbund ein, ihr ladet ihn ein, eure Liebe zu stärken und mit euch zu sein, in frohen und auch in schweren Stunden. So wird euer Ehebund zum Sakrament, zum Zeichen der liebenden Gegenwart Gottes.

Bleibt in meiner Liebe!

Jesus sagte zu seinen Jüngern bevor er von ihnen Abschied nahm: »Bleibt in meiner Liebe, damit meine Freude in euch ist, und damit eure Freude vollkommen wird.« Wir haben es im Evangelium gehört. Und ich finde es schön, dass ihr euch gerade diesen Text als Trauspruch ausgewählt habt. Wenn es euch nämlich gelingt, dieses Wort Jesu mit Leben zu füllen, wenn ihr aus dem Vertrauen, dass Gott jeden Tag mit euch ist, auch jeden Tag neu euer »Ja« zueinander sagt, wenn ihr einander tragt und stützt, euch miteinander freut und einander tröstet, wenn ihr miteinander nach Gottes Spuren in eurem Leben sucht, dann werdet ihr immer neu erleben, dass Lieben und Geliebtsein tiefe Freude schenkt, die alles Dunkel, das es ja in jedem Leben gibt, besiegen kann.

Kind Gottes

Ihr habt mich gebeten, eurem Kind N. heute die Taufe zu spenden, und ich tue das sehr gern. Auch bei der Taufe geht es um das Angenommensein eines Menschen – um das »Ja«, das ihm Leben erst möglich macht.

Ihr habt N. angenommen als euer Kind, über das ihr euch freut und das ihr lieb habt. Eure Familie und eure Liebe gibt ihm ein Zuhause, in dem sie/er wachsen und glücklich sein kann.

Auch Gott hat sei »Ja« zu N. schon einmal gesagt, als er ihr/ihm das Leben geschenkt hat. Heute, in der Taufe, sagt Gott noch einmal neu und ausdrücklich »Ja« zu ihr/ihm – Ja, du bist mein geliebtes Kind, du sollst wachsen und glücklich sein, du sollst dich geliebt wissen und selbst lieben lernen, du sollst nach mir suchen und mich finden können. Du bist mein Kind.

Aber Liebe ist immer auch Dialog, und Gott will, dass N. eines Tages antworten kann, dass sie/er zum Glauben findet und selbst »Ja« zu Gott sagen kann. Heute werdet ihr, liebe Eltern und ihr, liebe Paten, das stellvertretend für N. tun. Damit übernehmt ihr eine große, aber auch sehr schöne Aufgabe, nämlich die, N. euren Glauben zu zeigen, mit ihr/ihm zu beten, ihr/ihm von Gott zu erzählen und ihr/ihm zu helfen, zu Gott zu finden.

Ich wünsche euch von ganzem Herzen, dass es euch jeden Tag eures Lebens neu gelingt, euer »Ja« zueinander und zu Gott, dem Gott der Liebe und des Lebens, zu sagen, und dass ihr jeden Tag spüren dürft, dass dieser Gott an eurer Seite ist.

Michael Fox

Gebete und Impulse

Segensgebet zur Trauung
Der lebendige und liebende Gott segne euch in eurer Liebe.
Er bewahre euch davor, euch einfach an das anzupassen, was man eben heute denkt oder tut.
Er öffne euch die Augen für einen kritischen und klaren Blick, um unterscheiden zu können, was wirklich gut und wahr ist. Er stärke euch zu guten und notwendigen gemeinsamen Entscheidungen, damit ihr die gemeinsame Ausrichtung eures Lebens nicht vergesst.
Er lasse euch wachsen in gegenseitiger Wertschätzung und Verantwortung einander gegenüber.
Er befähige euch, wo es nötig ist, auch gegen den Strom der Tagesmeinung zu schwimmen.
Er gebe euch fruchtbare Gedanken und verheißungsvolle Träume. Er schenke euch gelingende und weiterführende Gespräche.
Er segne euch mit der ganzen Kraft seines Wohlwollens und seines Erbarmens.

Paul Weismantel

Hat dir schon einmal
ein Mensch gesagt,
dass du schön bist,
dass sich tief in deiner Seele
eine innere Schönheit verbirgt,
dass du durch dein Lachen
einen Menschen froh machen
und dich durch den Ernst
deines Schweigens
ganz auf einen anderen
einstimmen kannst?

Ahnst du eigentlich,
wie viele Möglichkeiten,
welche kostbare Begabungen
noch in dir schlummern,
die im Lauf deines Lebens
von dir betreut werden wollen,
um dich zu der Vollendung
deiner einmaligen Schönheit hin
wachsen und reifen
zu lassen?

Christa Spilling-Nöker

Als ich dir
begegnet bin,
verwandelte sich
meine Dunkelheit
in Licht,
meine Zaghaftigkeit
in Mut
und meine Angst
in Zuversicht.
Durch dich
fand ich
zu meiner Mitte,
aus der heraus ich
lebendig sein kann.

Christa Spilling-Nöker

Gestaltungselement (s. S. 27)

Am Ende der Ansprache ist ein wertvolles Kästchen angesprochen, das als Traumkästchen die Gefühle, Sehnsüchte, Erinnerungen, Träume des Brautpaares bewahren soll. Es wäre eine schöne Geste, wenn der Pfarrer oder der/die Predigende dem Brautpaar ein richtiges Kästchen überreichen könnte, in das diese auf Zettel oder mittels Symbole ihre Erinnerungen und Träume legen und auch immer einmal wieder herausnehmen können.

An die Gemeinde können »Traumsterne« (fluoreszierende selbstklebende Sterne) verteilt werden mit der Frage: Von welcher Sehnsucht träume ich? Diese werden als leuchtende Erinnerungszeichen mit nach Hause gegeben.

Mechthild Alber

Gestaltungselement (s. S. 31)

Vor dem Friedensgruß können Kinder in den Altarraum gebeten werden, um aus diversen Rosen (Seidenrosen, Plastikrosen, echte Rosen), die sich ähnlich sehen, die echte Rose herauszufinden. Die echte Rose ist zugleich die schönste Rose. So zart, so wohlriechend ist keine andere. Sie ist so schön, dass wir sogar die Dornen in Kauf nehmen. Das »echte Leben« ist durch nichts zu überbieten! Wo Wahrheit und Leben zu Hause sind, da gibt es die Sehnsucht nach tiefem Frieden. Und anders herum wünschen wir einander ein Leben in Wahrheit, wenn wir uns den Frieden zusprechen.

So kann das Brautpaar zum Friedensgruß (und zur Erinnerung) einen kleinen Rosenstock erhalten. Die Kinder können an die Gemeinde Rosen austeilen.

Susanne Hepp-Kottmann

Gestaltungselement (s. S. 35)

Korb mit Ölzweig, Oliven und Olivenöl. Trauben, Rebzweig und Wein.

Anton Seeberger

Gestaltungselement (s. S. 38)

Dreifache Schnur oder ein starkes Seil.

Anton Seeberger

Gestaltungselement (s. S. 42)
Blau ist die Farbe der Treue. Wie wäre es mit einem Sträußchen Vergissmeinnicht, mit einem blauen Strauß Astern, Kornblumen … je nach Jahreszeit!

Michael Broch

Gestaltungselement
Zu den Fürbitten einer Trauungsfeier kann der Gedanke »füreinander Engel sein« aufgegriffen werden. Jede einzelne Fürbitte wird auf einen Engelumriss geschrieben und nach dem Verlesen als sichtbarer Beistand dem Brautpaar mit in die Ehe gegeben.

Paul Weismantel

Gestaltungselement
»Salz« (Liebe, Hoffnung, Glaube, Kraft …) in sich zu haben, ist in christlicher Sicht immer auch mit der Aufgabe, für andere Salz zu sein (etwas von dieser Liebe, Hoffnung … weiterzugeben), verbunden. So können beim Friedensgruß kleine Salzsäckchen verteilt werden, an die jeweils ein Papierstreifen mit der Aufschrift »Ihr seid das Salz der Erde« gebunden ist.

Susanne Hepp-Kottmann

Ein Segen sollst du sein

Gottesdienste und Feiern während der Ehe

Feiern zu Ehejubiläen

Den Weg weitergehen
Ritual zum zehnten Hochzeitstag

Vorbereitung
Das Ritual wird vor dem Altarraum der Kirche gefeiert. Über die Altarstufen hinweg ist ein Weg gestaltet, der durch zwei verschiedenfarbige Bänder angedeutet ist. Es steht ein Krug mit roten Rosen bereit. Die Mitfeiernden stellen sich im Halbkreis um den Weg, die Kinder sitzen auf Bodenkissen.

Einführung
Im Eingangsbereich der Kirche

Zehn Jahre gemeinsam als Ehepaar unterwegs – ihr feiert heute euren zehnten Hochzeitstag. Das ist ein Grund zum Feiern und es ist schön, dass ihr uns an diesem Fest teilhaben lasst. Bei vielen geht dieser Termin für die Außenwelt unbemerkt vorüber und viele Paare erleben ihn gar nicht mehr zusammen.
Ihr habt euch entschieden, ein großes Fest daraus zu machen und einen Teil dieses Festes bewusst in der Kirche zu feiern. Damit drückt ihr aus, dass Gott in eurer Ehe und Familie eine wichtige Rolle spielt, dass ihr für die gemeinsamen Jahre danken wollt und auch weiterhin um seinen Segen bittet.
Dieser Wortgottesdienst wird ein bisschen anders sein als ein »normaler« Wortgottesdienst. Ihr habt mich gebeten, dass ich ein Ritual für euch vorbereite, das neben Texten und Liedern seinen Platz hat.
Wir bitten darum und vertrauen darauf, dass Gottes Kraft auch in dieser Feier dabei ist und beginnen mit dem Kreuzzeichen:
Im Namen des Vaters und des Sohnes und des Heiligen Geistes.

Lied
EH 87 »Wo zwei oder drei«

Während das Lied gesungen wird, gehen alle nach vorne.

Hinführung zum Weg

»Mit dir will ich gehen.« – Diesen Satz habt ihr vor zehn Jahren über eure Hochzeitsmesse geschrieben. Diese Zusage, die ihr euch damals gegeben habt, war auch eine Zusage ins Ungewisse, in die Zukunft hinein. Ihr wusstet nicht genau, wie der Weg aussieht, der vor euch liegt, und wie ihr euch beide entwickeln würdet.

Nun könnt ihr gemeinsam Rückschau halten und den Weg noch einmal in den Blick nehmen. Wir haben hier für euch einen Weg gestaltet, der euren bisherigen Ehe-Weg darstellen soll. Die zwei Bänder – rot und blau – können eure Spuren sein. Der Weg hat Höhen und Tiefen, mal geht ihr eng nebeneinander, mal ein Stück auf Distanz, mal scheint die eine vorauszugehen, mal der andere. Ich möchte euch nun bitten, diesen Weg noch einmal miteinander zu gehen und euch wichtige Ereignisse in Erinnerung zu rufen. Wenn ihr mögt, könnt ihr uns daran teilhaben lassen. Ihr habt dazu Symbole vorbereitet, die ihr auf den Weg legen wollt.

<small>Das Paar geht den Weg und erklärt die Symbole, die beide auf den Weg legen:</small>

- Verschiedene Arbeitswelten: Schultasche mit Buch und Bügeleisen
- Urlaub: Rucksack (früher Rucksackurlaub, heute Kindersachen)
- Eigene Wohnung: Grundriss, Sofakissen
- Tiefpunkte: nasser Waschlappen, Buch (Männer sind anders …)
- Kinder: Windel, Teddy, Kappe
- Sport (jede/jeder für sich): Sportschuhe, Volleyballschoner
- gemeinsames Hobby und Unternehmungen: Fahrradhelm

Bekräftigung

Ihr seid im Heute angekommen und wollt eure Zusage aneinander noch einmal bekräftigen. Ich bitte euch, das zu sagen, was ihr füreinander vorbereitet habt:

Lieber N. N.!
Wir sind zehn Jahre gemeinsam einen Weg gegangen. Es war ein Weg mit Höhen und Tiefen. Wir haben viel Schönes miteinander erlebt und uns manchmal das Leben ziemlich schwer gemacht.
Die Liebe haben wir uns bewahrt. Sie ist gewachsen und reifer geworden.
Ich möchte dir danken, dass es dich in meinem Leben gibt und du mich so annimmst, wie ich bin.
Auf unserem weiteren Eheweg möchte ich dir eine gute Weggefährtin sein.

Liebe N. N.!
Im Rückblick auf die zurückliegenden zehn Jahre bin ich sehr dankbar, dass die von uns zu meisternden Anforderungen des Lebens gut zu bewältigen waren.
Ich bin dankbar, dass du den Lebensweg mit mir gehst und mich mit meinen Eigenheiten aushältst. Ich danke dir für all das, was uns gemeinsam möglich war.
Ich will weiter mit dir auf diesem Lebensweg gehen und dein Wohl im Blick behalten.

Ihr seid auf eurem Weg nicht allein. Ihr seid von Menschen umgeben, die euch wichtig und nah sind, eure Kinder, eure Familien und Freunde. Wir alle haben für euch Wünsche zu eurem Hochzeitstag und für die Zukunft.

Die Kinder werden eingeladen, nach vorne zu kommen und dem Paar Rosen zu überreichen.

Fürbitten und Vaterunser

Das Paar liest zusammen mit den Trauzeugen die Fürbitten vor:

- Wir bitten für N. N. und N. N., dass sie die guten Zeiten ihres Lebenswegs bewusst wahrnehmen und genießen können und dass sie die nötige Kraft und Ausdauer für die schweren Wegstrecken haben.
- Wir bitten um deinen Schutz und Beistand für die Anwesenden und all ihre Angehörigen.
- Wir bitten für die Paare, die es schwer miteinander haben. Schenke ihnen Geduld und Bereitschaft zur Versöhnung und Mut zum ehrlichen Gespräch.
- Wir bitten für die Verstorbenen unserer Familien und Freunde, besonders für die, die unsere Hochzeit noch mitfeiern konnten. Lass sie bei dir leben in Frieden.

Die Bitten, die wir gehört haben, und all die Bitten, die wir noch in uns haben, wollen wir jetzt im Vaterunser zusammentragen:
Vater unser im Himmel ...

Segen

Neben all den menschlichen Beziehungen und Bezügen unseres Lebens wissen wir, dass Gott unseren Weg mit uns geht. Um seinen Segen wollen wir bitten:

Gott segne euch auf eurem Weg in die Zukunft.
Er erhalte eure Liebe lebendig und phantasievoll.
Er gebe euch Kraft bei der Begleitung und Erziehung eurer Kinder

und das Zutrauen, dass sie ihren Weg gehen werden.
Er schenke euch Arbeit und Tun,
die euch zufrieden machen und euch ausfüllen.
Gott segne die Zeit, die ihr miteinander verbringt,
und die Zeit, die ihr eure eigenen Wege geht.
Er segne euer Suchen und Fragen
und schenke euch die Gewissheit, dass er ein treuer Begleiter ist.
Diesen Segen erbitte ich für uns alle,
dass seine Liebe in unserem Leben spürbar ist.

Annedore Barbier-Piepenbrock/Verena und Hans-Jürgen Winkler

Ganz ohne Wunder geht's auch nicht!
Gottesdienst zur Silberhochzeit

Vorbemerkung
Die Ansprache geht von einem Gottesdienst mit Eucharistiefeier aus. Wird ein Wortgottesdienst gefeiert, muss sie entsprechend verändert werden, was aber ohne weiteres möglich ist.

Schrifttexte
Koh 3,1–8   Alles hat seine Stunde
Joh 2,1–11   Die Hochzeit in Kana als Zeichen

Ansprache
Der Alptraum aller Gastgeberinnen und Gastgeber: Das Fest ist noch in vollem Gang – und die Weinkrüge, das, was das Fest so besonders macht, sind leer.
Der Alptraum aller Ehepaare: Man ist ein paar Jahre verheiratet – und die Liebes-Krüge, das, was den Ehepartner so besonders gemacht hatte, sind leer. Der Wein der Liebe verwandelt sich über die Jahre in das Wasser des Alltags. Ihnen beiden, Ihrer Liebe, ist das offenbar nicht passiert, und dass Ihren Hoch-Zeiten und Ihrem Alltag der Wein, das Besondere nicht vor der Zeit ausgegangen ist, das feiern wir heute.
Die beiden gelesenen Texte – der erste aus dem Buch Kohelet und der zweite aus dem Johannesevangelium – passen vielleicht nicht auf den ersten Blick zusammen. Gemeinsam ergeben sie für mich genau jenen Spannungsbogen, im dem auch ein Paar lebt, dem eine 25-jährige Ehe glückt. Kohelet zählt ganz lapidar alles auf, was im Leben – und vermutlich auch in Ihrem Leben – so passiert; manches geplant und gewollt, anderes ungeplant und als Schicksalsschlag.
Zusammenleben gelingt, wenn die Partner das, was ihnen widerfährt, auch zusammen erleben. Wenn es also Gemeinsamkeiten und Übereinstimmungen in der Wahrnehmung, im Denken und Fühlen gibt. Wenn nicht die eine schon lacht, während der andere noch weint oder die eine Frieden wahrnimmt, wo der andere noch Streit erlebt. Dabei geht es natürlich nicht um absolute Harmonie und immer gleiches Erleben – das ist wohl nicht zu haben und wäre

vermutlich auf die Dauer auch langweilig. Aber die wesentlichen Ereignisse und Widerfahrnisse gemeinsam durchzustehen und über unterschiedliche Bedürfnisse im Erleben im wohlwollenden Gespräch zu bleiben, ist notwendige Voraussetzung, um sich bei der Partnerin oder dem Partner über eine so lange Zeit angenommen und geborgen zu fühlen.

Die Erzählung von der Hochzeit zu Kana macht uns darauf aufmerksam, dass das allein jedoch für 25 gemeinsame Jahre nicht ausreicht. Meine These lautet deshalb: Ganz ohne Wunder geht's auch nicht!

Gemeinsames Eheleben droht zu verwässern, alltäglich, fade, langweilig zu werden. Der Wein der ersten Hoch-Zeiten wird langsam weniger, das Besondere, Anziehende am anderen wird zum Bekannten – manchmal sogar zum Störenden.

Wunder Nr. 1: »Silberhochzeitler« können sich überraschen lassen.

Das Besondere des Partners, der Ehe, findet nicht jenseits des Alltags statt. Nur wer sich überraschen lassen kann, wer das Wasser überhaupt noch probiert, wer also den Alltag aufmerksam und neugierig lebt, kann feststellen, dass sich manchmal das Besondere ereignet, dass der Partner, die Partnerin für eine Überraschung gut ist.

Wunder Nr. 2: »Silberhochzeitler« können aus der Erwartungshaltung aussteigen.

Natürlich leben wir alle davon, dass uns manchmal der Wein serviert wird, am besten auf dem Silbertablett. Und wohl keine Beziehung, allemal keine, die so lange hält, ist frei von der Enttäuschung, dass wir manchmal vergeblich warten: auf die besondere Wertschätzung des Partners, auf eine Überraschung, ein Geschenk – eben auf den Wein. »Silberhochzeitler« können an dieser Stelle aussteigen und die Festgestaltung selbst in die Hand nehmen. Sie erwarten nicht alles vom anderen. Sie sind bereit, ihren Teil zum Gelingen des Festes beizutragen.

Und das ist dann auch schon das Wunder Nr. 3: »Silberhochzeitler« sind sich gegenseitig Wein.

Silberhochzeitspaare wissen, dass zu einer dauerhaften Beziehung beides gehört: sich den Wein schmecken zu lassen und Wein zu sein – nehmen und geben eben, bedürftig sein und reich, schwach und stark – je nach Erfordernis. Nur dann kann das Wunder geschehen, dass in den Wasserkrügen immer wieder mal Wein ist. Für einen der Partner allein ist dieses Wunder zu groß.

Wunder Nr. 4: »Silberhochzeitler« weisen über sich selbst hinaus.

Es ist ja wohl kein Zufall, dass sowohl die Hochzeit als auch der Wein wichtige Bilder für unsere Rede von Gott, von dem, was größer ist als wir, sind.

Die Hochzeit steht häufig als Sinnbild für das Reich Gottes, wo wir ein »Fest ohne Ende« feiern werden, wie es an anderer Stelle heißt. Da, wo Menschen, so wie diesen beiden, eine dauerhafte Beziehung glückt, wird für sie selbst und für die Menschen, mit denen sie verbunden sind, ein Stück Himmel erlebbar – und wie gut das tut, ist häufig daran abzulesen, dass dort immer viele Menschen anzutreffen sind.

Der Wein ist für uns Christen eines der wichtigsten Zeichen überhaupt: Er steht zusammen mit dem Brot dafür, dass unser Leben durch den Tod nur ein irdisches Ende findet, dass wir auferstehen werden wie Jesus, der uns die Eucharistie als Erinnerungszeichen dafür geschenkt hat.

Immer dann, wenn Sie einander Wein sind, schenken Sie dem Partner, der Partnerin ein Stück Himmel auf Erden, einen Vorgeschmack auf das Leben in Fülle, das uns von Gott her verheißen ist. Und weil auch diese Erfahrung die Zweisamkeit übersteigt, lade ich Sie beide ein, heute für uns bei der Eucharistiefeier Zeichen zu sein für Ihr hochzeitliches Stück Himmel auf Erden und für den Vorgeschmack auf das Leben in Fülle.

Fürbitten

Gott, du bist die Liebe. Unsere Liebe bleibt vorläufig und erfährt seine Vollendung erst in dir. Deshalb bitten wir dich:
- Schenke unserem Silberhochzeitspaar die Kraft und die Phantasie, seinen Alltag in ein Fest zu verwandeln und füreinander und für die Menschen, mit denen es verbunden ist, Wein zu sein.
- Niemand lebt aus sich allein. Begleite die Eltern des Silberhochzeitspaares liebevoll in ein hohes und gesundes Alter im Kreis ihrer Familie.
- Dass die Liebe sich nicht selbst genügt, zeigst du uns in unseren Kindern. Sei ihnen nahe und lass sie deine Treue in ihrem Leben erfahren.
- Freunde, Verwandte, Nachbarn, Kollegen – sie alle haben das Silberhochzeitspaar bis hierher begleitet und haben ihren Teil dazu beigetragen, dass wir heute dieses Fest feiern können: Schenke auch ihnen Menschen, die sie unterstützen und begleiten in den Schwierigkeiten und den Hoch-Zeiten ihres Lebens.
- Einige der Menschen, die zum Lebenskreis des Silberhochzeitspaares gehören, sind schon gestorben. Erfülle an ihnen – und einmal auch an uns –

deine Verheißung vom ewigen Hochzeitsmahl, auf das sie ihr Leben ausgerichtet haben.

Um all das bitten wir dich, Gott. Und wir legen dir noch jene Wünsche und Bitten ans Herz, die wir nicht aussprechen können oder die wir noch nicht einmal zu denken wagen. Du weißt, was wir ersehnen. Dir vertrauen wir es an; bei dir ist es gut aufgehoben.

Segen
Guter Gott, immer sind wir auf deinen Segen angewiesen. Wir erbitten ihn erneut für N. N. und N. N., die vor 25 Jahren ihr gemeinsames Leben unter deinen Segen gestellt haben:
Lass sie weiterhin füreinander ein Segen sein: Stärke ihre Liebe und Zuneigung und lass ihre Freundschaft zueinander und das gegenseitige Verständnis wachsen.
Erhalte sie gesund und schenke ihnen eine liebevolle Aufmerksamkeit für die Schwächen der Partnerin oder des Partners.
Gesegnet sein sollen sie auch durch ihre Kinder: Erhalte ihnen die Freude an den Kindern, auch wenn sie eigene Wege gehen. Stärke die Gemeinschaft der Familie, damit sie sich öffnen kann auch für Freunde und Menschen, die Hilfe brauchen.
Lass diesen Feiertag heute zum Segen werden: Schenke uns ein fröhliches und schönes Fest, das uns lange in guter Erinnerung bleibt und unsere Verbindung untereinander und mit dir festigt.

Zeichenhandlung
Das Silberhochzeitspaar steht während der Eucharistiefeier zu beiden Seiten des Zelebranten am Altar. Sie reichen sich bei der Kommunion gegenseitig den Kelch mit Wein und teilen gemeinsam mit dem Zelebranten die Kommunion unter beiderlei Gestalten aus. Sie stehen mit Weinkelchen zum Trinken oder zum Eintauchen rechts und links vom Zelebranten, der das Brot austeilt.

Marlies Mittler-Holzem

Innehalten – danken – weitergehen
Feier zur Silberhochzeit im privaten Rahmen

Vorbemerkung

Die Silberhochzeit ist für viele Paare Anlass zu einer Feier im Freundes- und Familienkreis. Hinter dem Wunsch, dieses Ehejubiläum gerade auch in einem größeren Rahmen feiern zu wollen, steckt in vielen Fällen das Bedürfnis, einander – auch vor anderen Menschen – für Vergangenes zu danken und gleichzeitig Zuspruch für den weiteren gemeinsamen Weg zu erhalten. Der folgende Vorschlag ist gedacht als Ritual am Beginn einer solchen Feier.

Das Paar entwickelt mit einem Freund/einer Freundin, der/die auch die Leitung des Rituals übernimmt, den genauen Ablauf. Es ist wichtig, dass die Elemente, die persönliche Aussagen oder Gesten (beispielsweise die Segensgeste) beinhalten, vorher abgesprochen sind. Den Gästen sollte in der Einladung mitgeteilt werden, dass die Feier mit einem Ritual beginnt. Es darf sich an keiner Stelle jemand überrumpelt fühlen.

Wünschenswert ist es, das Ritual in einem anderen Raum zu feiern als in dem, in dem das anschließende Fest stattfinden soll. Das kann auch im Freien oder in einer nahe gelegenen Kirche oder Kapelle sein. Es ist aber auch möglich, einen Teil des Feierraums dafür zu reservieren. Findet die Feier im kleinen häuslichen Bereich statt, bieten sich natürlich Garten oder Terrasse an. Es kann aber auch ein Tisch im Feierraum vorbereitet werden, den alle Gäste umstehen können und der anschließend in einer Ecke des Raumes stehen bleibt.

Der Ort hat auf die Gestaltung und das Erleben des Rituals großen Einfluss. So werden in einem Kirchenraum die christlich-religiösen Elemente einen höheren Stellenwert haben, in einem profanen Raum eher die Einbeziehung der Gäste, persönliche Beiträge usw.

Der folgende Vorschlag versteht sich als Anregung, die variiert, erweitert oder verkürzt werden kann. Die vorgeschlagenen Lieder sind dem religiösen Bereich entnommen. Sie können ohne weiteres durch andere Lieder oder musikalische Einlagen ersetzt werden.

Vorbereitung

Für das Ritual wird vorab ein Weg aus Tüchern in einer neutralen Farbe oder aus Moos gelegt. Am Anfang stehen eine große Kerze und ein Hochzeitsfoto des Paares mit dem Datum der Hochzeit. Am Rand des Weges liegen Markierungen mit den 25 Jahreszahlen bis zum heutigen Tag. Dafür eignen sich runde Kieselsteine oder Efeublätter, die mit einem dicken Silberstift beschrieben sind.

Am Ort des Festtages liegen zwei sich überlagernde, möglicherweise silberne Ringe, die an das Trauungssymbol der Eheringe erinnern. Sie können leicht aus einem Streifen Alufolie geformt werden. Daneben liegt ein neueres Foto des Paares oder zwei Einzelfotos.

Ein Korb mit Teelichtern oder alternativ eine Räucherschale und Weihrauch stehen bereit.

Werden gemeinsame Lieder gesungen oder Gebete gesprochen, braucht es ein Liedblatt für alle Anwesenden.

Das Paar hat Fotos und Symbole von markanten Ereignissen seiner Ehe vorbereitet (Geburtsanzeigen der Kinder, ein Foto von einer besonderen Reise, von der neuen Wohnung usw.), eventuell einen Brief an den Partner/die Partnerin.

Ablauf des Rituals

ANFANGEN

> Die Leitung begrüßt das Paar und die Gäste und bittet alle, sich an dem vorbereiteten Ort einzufinden.

Die Feier der Silberhochzeit ist Anlass, den Fluss des Alltagslebens einmal zu unterbrechen, innezuhalten und zurückzuschauen auf 25 Jahre Ehe, auf Gewachsenes und Gewordenes – auch zu danken für Vergangenes und für Künftiges, um Zuspruch und Segen zu bitten.

Vor 25 Jahren haben sich N. N. und N. N. das Ja-Wort gegeben. Sie haben damit vor Gott und der Welt ihren Willen kundgetan, das Leben fortan gemeinsam gehen zu wollen. Vieles hat sich in dieser Zeit ereignet. Nehmen wir dieses Datum zum Anlass und nehmen wir uns die Zeit, zurückzuschauen auf die Ehejahre von N. N. und N. N.

Wir glauben, dass in der Liebe und Freundschaft zweier Menschen sich Gottes Liebe in der Welt offenbart, in einer Ehe, der engsten Gemeinschaft, die zwei Menschen miteinander eingehen können, ganz besonders. Bitten wir Gott gerade jetzt in dieser Feier um seine Nähe.

Eröffnungsgebet

Gott,

N. N. und N. N. feiern heute ihren silbernen Hochzeitstag. Du warst bei ihnen, bevor sie sich trafen, und bist durch diese 25 Ehejahre mit ihnen gegangen. Sei auch jetzt in unserer Mitte. Lass uns alle, und besonders N. N. und N. N., aus dem rechten Urteil über das Vergangene den Weg in eine erfüllte Zukunft finden.

> Findet die Feier in einem Kirchenraum statt, werden die Gäste direkt dorthin eingeladen und nehmen in den Bänken Platz. Nach der Begrüßung und dem bewussten Beginnen im Namen Gottes, kann zunächst ein Loblied gesungen werden, z. B. GL 258 »Lobe den Herren«. Nach dem Eröffnungsgebet stellen sich alle um den (evtl. auf den Altarstufen) vorbereiteten Weg.

Hinführen

> Die Leitung (oder ein Kind) zündet die Kerze am Beginn des Weges an.

Dieser Weg soll uns durch die Ehejahre von N. N. und N. N. führen. Er beginnt mit der Heirat und führt bis zum heutigen Jubiläumstag – und mit unseren Wünschen weiter in die Zukunft. Die beiden werden ihn jetzt füllen mit markanten Ereignissen ihrer Ehe. Im Zurückschauen wollen wir mit ihnen danken für den Reichtum ihres Lebens und im anschließenden Vorausschauen legen wir unsere Wünsche zusammen mit den ihren vor Gott. Stimmen wir uns ein auf dieses Tun mit dem Lied:

Lied

KiFam 255 »Ich sing dir mein Lied«

Zurückschauen – danken

> Das Paar legt abwechselnd ein Foto oder Symbol auf den Weg und erzählt, was er/sie damit verbindet. Bei einzelnen Ereignissen kann Dank an bestimmte Personen ausgedrückt werden, z. B. bei der Schwester für die Hilfe mit den Kindern, bei den Eltern für die finanzielle Unterstützung beim Hausbau, bei einem Freund/einer Freundin für Begleitung in einer schwierigen Phase, für geteilte Freuden usw. Auch können die Gäste gebeten werden, einzelne Situationen durch persönliche Berichte zu ergänzen.
> Wenn alle Gegenstände abgelegt sind, sagt sich das Paar, wofür sie einander dankbar sind, was sie am anderen schätzen oder schätzen gelernt haben, möglicherweise in Form eines Briefes. Abschließend bedankt sich die Leitung, auch im Namen der Gäste.

Vergangenes abschliessen – überleiten

Für den heutigen Tag liegen hier zwei sich überlagernde Ringe, Symbol der Ehe, die ihr miteinander führt. Zwei Menschen verbinden sich und bilden eine Einheit – und doch bleiben es zwei Menschen. Lediglich ein mehr oder weniger großer Bereich, mathematisch gesehen die Schnittmenge der beiden Kreise, bleibt für tatsächlich gemeinsam gelebtes Leben.

Es gab sicherlich auch in eurer Ehe Zeiten mit großer und Zeiten mit kleiner Schnittmenge, wohl auch seltene Momente des Einsseins. Manche Wünsche blieben unerfüllt, manches ist misslungen, manches Fragment geblieben. Dieser heutige Tag ist eine Wegmarke, auch, um Vergangenes abzuschließen und mit neuer Hoffnung in die Zukunft zu gehen. Schauen wir jetzt nach vorn – in euren und unseren Wünschen.

Nach vorn schauen – wünschen

Die Ehepartner sagen einander ihre Wünsche für die Zukunft. Haben sie Briefe geschrieben, überreichen sie sie anschließend einander.

Auch wir Gäste haben natürlich Wünsche für das Silberhochzeitspaar. Es würde zu lange dauern und wäre vielleicht auch zu persönlich, sie alle in diesem Rahmen auszusprechen. Dennoch soll auch hier an dieser Stelle Raum für sie sein.

Jeder Gast entzündet ein Teelicht an der großen Kerze und stellt es da auf den Weg, wo er sich mit dem Paar verbunden fühlt. Alternativ legt jeder ein paar Weihrauchkörnchen in die Räucherschale. Das Tun wird begleitet von dem Lied: EG 543 »Geh unter der Gnade«, mit dem Hinweis, es für das Paar, also im Plural, zu singen.

Segnen

Wir haben auf das gemeinsame Leben von N. N. und N. N. zurückgeschaut und in unseren Wünschen auch schon Zukunft ein wenig vorweggenommen. Wir wollen nun Gott um seinen Segen bitten.

Die Ehepartner stellen sich vor den Leiter/die Leiterin. Diese/r legt den beiden eine Hand auf die Schulter und spricht frei:

Gesegnet euer Festtag.
Mögen die Worte euch bestärken,
die Wünsche euch beflügeln
und die Freude in euch weiterklingen.
Gesegnet eure Ehe.

Mögen die guten Zeiten eure Seele mit Dankbarkeit erfüllen
und die schweren euch in eurem Menschsein reifen lassen.
Gesegnet eure Liebe.
Möge sie das Band sein, das euer Leben verbindet
und euch ab und an mit himmlischer Seligkeit erfüllen.

> Das Paar gliedert sich wieder in die Runde ein. Alle legen ihre rechte Hand auf den Rücken des Nachbarn/der Nachbarin und sprechen gemeinsam:

Der Segen Gottes lege sich auf diesen Tag, auf unsere Gemeinschaft und auf unser aller Leben.

Abschliessen

EG 636 oder EH 153 »Unser Leben sei ein Fest« (die erste Strophe dreimal singen)

> Befindet sich der Feierraum in unmittelbarer Nähe, können die Wiederholungen auch eine Prozession begleiten, die das Jubelpaar anführt und der sich die Gäste nach und nach anschließen. Im Feierraum stoßen dann alle auf das Paar an und beglückwünschen es zu seinem Festtag.

Silvia Ketterer

Gib den Jahren Leben
Segensfeier zum 40-jährigen Ehejubiläum

Vorüberlegungen
Im Umfeld des 40. Ehejahres haben viele Paare einen einschneidenden Lebensübergang zu bewältigen: Sie verabschieden sich aus dem beruflichen Arbeitsfeld; sie müssen sich von bisherigen Familienaufgaben lösen, die Kinder sind aus dem Haus, die Paarbeziehung steht wieder im Vordergrund, Gewohnheiten sind zu hinterfragen.
Dabei gilt es, offen miteinander zu reden, die vergehende Zeit bedenken und gestalten, neue Lebensziele und -inhalte suchen eine positive Einstellung zum Altern finden und geistliche Bedürfnisse wahrnehmen und leben.
Die folgende Segensfeier möchte Ehepaare ermutigen, diesen Schritt bewusst zu tun: einzelne Paare oder aber – in der Kirchengemeinde – in Gemeinschaft mit allen Paaren, die im selben Jahr ihren 40. Hochzeitstag feiern dürfen und dazu zu einem Segnungsgottesdienst, eventuell mit anschließender Feier im Gemeindezentrum, eingeladen werden.

Gebet
Herr, du bist unser Gott.
Im Vertrauen auf deinen Segen haben Sie *(hat das Ehepaar N. N.)* vor 40 Jahren den Bund für ein gemeinsames Leben geschlossen. Heute blicken sie auf diese Jahrzehnte zurück: Sie haben Freude, harmonische Zeiten und Sinn erlebt, aber auch aufreibende Spannungen, Auseinandersetzungen, Missverständnisse und Enttäuschungen. Doch immer wieder haben sie neu angefangen.
Gib, dass sie dir heute für das Geschenk ihres gemeinsamen Lebensweges danken und im Vertrauen auf deine Führung auch zum kommenden Weg ihr »Ja« sagen können.
Darum bitten wir durch Christus, unseren Bruder und Herrn.

Schrifttext
Jer 29,11–14   Ich will euch eine Zukunft und eine Hoffnung geben

Deutung

> Die Lebensgeschichte des Ehepaares, der Ehepaare soll mit der Glaubensgeschichte – der eigenen wie der biblischen – in Beziehung gebracht werden. Wenn der Gottesdienst nur mit einem Paar gefeiert wird, können Vorgespräche mit dem Paar die Grundlage für die Ansprache bilden.

Leben ist immer Wagnis. Niemand weiß, was kommen wird. Liebe traut sich. Liebe wagt. Liebe riskiert. Auf diesen Grund haben Sie, liebe Ehepaare *(liebes Ehepaar N. N.)*, Ihren gemeinsamen Lebensweg gestellt: Vor 40 Jahren haben Sie ihn begonnen mit Liebe im Herzen, mit viel Schwung und großer Zuversicht. Heute wissen Sie mehr. Sie schauen zurück und sehen, was daraus geworden ist. Hoffnungen haben sich erfüllt, manches kam ganz anders, Enttäuschungen blieben nicht aus.

Um vieles haben Sie gebetet. Bitten wurden erhört: deutlich erfahrbar. Oft mussten Sie aber auch geduldig warten, sich fragen, ob Sie die Zeichen richtig erkennen und deuten. Das Ringen um Glauben und Vertrauen ist Ihnen nicht fremd.

Der Theologe Dietrich Bonhoeffer schildert seine Gebetserfahrungen so: »Gott erfüllt nicht alle unsere Wünsche – aber alle seine Verheißungen!« Das ist auch die Glaubenserfahrung des Jeremia: Gott will uns »eine Zukunft und eine Hoffnung geben«. Er schenkt sie uns. Wir können sie nicht selber machen. Und: Er gibt sie uns, wann, wo und wie er will. Das setzt unsererseits die Bereitschaft zum Empfangen und Offenheit voraus. Das setzt aber auch voraus, dass wir versuchen, seiner Verheißung Vertrauen zu schenken, unsere Hoffnung in dieser Verheißung zu gründen: »Ich kenne meine Pläne, die ich für euch habe – Spruch des Herrn –, Pläne des Heils und nicht des Unheils.«

Dieser Glaube kann durch die Realitäten des Lebens schwer erschüttert werden: Schicksalsschläge, Unfälle, Krankheiten, Katastrophen können ihn verdunkeln, verschütten, ja sogar begraben. Sie haben das selbst erfahren. Und Sie wissen, dass wir es nicht in der Hand haben, wie wir in solchen Situationen reagieren werden. Aber wir fragen dann, was uns helfen kann, sie glaubend zu bestehen.

Dietrich Bonhoeffer lebte in der Zeit des Nationalsozialismus. Er versuchte, sich ganz der Führung Gottes anzuvertrauen – »in guten und in bösen Tagen«. Aus der Gewissheit, dass Gott unsere Welt und uns liebt, nahm er die Kraft zum Glauben und aus dem Glauben die Kraft, für andere da zu sein. Nach zweijähriger Haft wurde er 1945 von den Nationalsozialisten ermordet. Bonhoeffer fasst seinen Glauben in dem Zeugnis zusammen: »Ich glaube, dass Gott aus allem, auch aus dem Bösesten, Gutes entstehen lassen kann und will. Dafür braucht er Menschen, die sich alle Dinge zum Besten dienen lassen. Ich glaube, dass Gott uns in jeder Notlage so viel Widerstandskraft geben will, wie wir brauchen. Aber er gibt sie nicht im Voraus, damit wir uns nicht auf uns selbst, sondern allein auf ihn verlassen. In solchem Glauben müsste alle Angst vor der Zukunft überwunden sein. Ich glaube, dass auch unsere Fehler und Irrtümer nicht vergeblich sind und dass es Gott nicht schwerer ist, mit ihnen fertig zu werden, als mit unseren vermeintlichen Guttaten. Ich glaube, dass Gott kein zeitloses Fatum ist, sondern dass er auf aufrichtige Gebete und verantwortliche Taten wartet und antwortet« (Dietrich Bonhoeffer, Nach zehn Jahren. Rechenschaft an der Wende zum Jahr 1943, aus: Ders., Widerstand und Ergebung, München 1951, 18f).

Wir dürfen vertrauend bitten, dass wir heute die Kraft bekommen, die wir brauchen, um das Morgen zu erreichen; dass wir den Mut haben, heute zu tun, was unsere Sache ist; dass wir offen sind für das Geschenk der Hoffnung und Zukunft von Gott.

Erneuerung des Eheversprechens
<small>Im Wechsel zwischen Gottesdienstleiter/in und Ehepaar/Ehepaaren gesprochen</small>

Leiter/in: Vor 40 Jahren haben Sie sich am Traualtar für Ihr ganzes Leben Liebe und Treue versprochen. Ich möchte Sie einladen, nun Ihr Eheversprechen zu erneuern. Dann wollen wir um den Segen Gottes bitten, damit Sie in ihm geborgen bleiben bis ans Ende Ihres Lebens.

Ehepaar/e: Herr, du bist unser Gott. Du bist wie ein sorgender Vater und wie eine liebende Mutter. Heute wollen wir vor dir unser Eheversprechen erneuern, das wir einander an unserem Hochzeitstag gegeben haben.

Jesus Christus, durch die Taufe und den Glauben sind wir Glieder deines geheimnisvollen Leibes. Wir kommen heute zu dir, dass du unsere Ehe erneut segnest. Wir bitten um die Gnade, dass du uns immer tiefer miteinander und zugleich mit dir verbindest.

Heiliger Geist, in der Hoffnung auf deinen Beistand wollen wir unser Vertrauen zueinander erneuern. Geist des Erbarmens und der Versöhnung, nimm alles aus unseren Herzen, was uns trennen könnte. Vergib, was wir einander und dir schuldig geblieben sind.

Dreieiniger Gott der Liebe, steh uns bei, damit wir unser Versprechen so leben, dass wir ein gutes Beispiel sind. Segne unsere Kinder und Enkel, erhalte sie in gegenseitigem Vertrauen und in der Treue zueinander.

Leiter/in: Wenn Sie nun Ihr Eheversprechen erneuern, reichen Sie einander die Hand und antworten Sie auf meine Frage mit »Ja«. Versprechen Sie, die damals übernommenen Aufgaben und Pflichten weiterhin nach besten Kräften zu erfüllen, um so den Frieden und das Wohlergehen in Ihrer Familie zu fördern?

Ehepaar/e: Ja.

Segen

Herr, du bist unser Gott. Du bist wie ein sorgender Vater und wie eine liebende Mutter. Segne dieses Ehepaar/diese Ehepaare auf ihrem weiteren Lebensweg. Lass ihr Leben gelingen. Schenke ihnen Hoffnung für die Zukunft und Dankbarkeit für das Erreichte. Steh ihnen bei in ihren Ängsten und Nöten. Tröste sie und schenke ihnen dein Heil. Segne ihre Kinder und Enkelkinder, ihre Verwandten, Freunde und Bekannten. Sei bei ihnen mit deinem guten Heiligen Geist und lass sie das Ziel ihres Lebens erreichen. So segne und begleite sie der treue Gott, der Vater durch den Sohn im Heiligen Geist.

Liedvorschläge

GL 614 »Wohl denen, die da wandeln«
EH 19 »Gott hat ein Wort für dich«

Michael von Rottkay

Ein Erntedankfest der Liebe
Gottesdienst zur Goldenen Hochzeit

Gebet
Barmherziger Gott,
du bist der Schöpfer dieser Welt und unseres Lebens. Alles ist durch dich entstanden, lebt durch dich und kehrt zu dir zurück.
Wir bitten heute für dieses Paar, das 50 Jahre miteinander auf dem Weg ist. Du weißt um seine Geschichte, um die Freuden und Leiden, um die Höhen und Tiefen, die sie erlebt haben. Wir glauben, dass du unser Leben begleitest. Deshalb sei auch weiterhin ihr Weggefährte. Lass sie spüren, dass sie in keiner Situation allein gelassen sind. Schenke ihnen deinen Beistand, der ihr Herz erhellt, sie aufrichtet und tröstet. Und schenke ihnen ein gesegnetes Alter. Darum bitten wir durch Jesus Christus, unseren Herrn.

Schrifttext
Kol 3,12–17   Ihr seid von Gott geliebt

Ansprache
Die Kirche feiert im Herbst eines jeden Jahres das Erntedankfest. Und auch Sie sind hierher gekommen, um in Dankbarkeit auf Ihre heute 50-jährige Ehegeschichte zu schauen und für die Ernte dieser 50 gemeinsamen Jahre zu danken. Am … haben Sie sich in … das Jawort gegeben und damit Ihren gemeinsamen Eheweg begonnen. Und wie jeder Weg hat auch Ihr Eheweg über schöne, aussichtsreiche Berge geführt – etwa, als … (persönliches freudiges Ereignis einfügen), aber auch durch finstere Täler, vor allem, als Sie …; es gab anstrengende, steilere Strecken, aber auch ebene Wegstücke, die Sie fast wie von selbst zurücklegten, weil Sie in dem Augenblick nichts plagte und Sie sorglos und beschwingt loslaufen konnten. Es kamen Wegkreuzungen, die Entscheidungen erforderten – die manchmal schwieriger, manchmal auch leichter waren –, und es gab Biegungen, an denen Sie nicht so genau wussten, wohin Sie der Weg führen würde. Sie sind Ihren gemeinsamen Weg allen Widerständen und Hindernissen zum Trotz, aber immer entschlossen und gemeinsam gegangen. Er hat Sie

beide heute hierher geführt, um ihn nochmals an sich vorüberziehen zu lassen und Danke zu sagen.

Worin bestand und besteht denn nun eigentlich der Reichtum bzw. die Ernte dieser langen Zeit von 50 gemeinsamen Jahren? Jörg Zink, der bekannte evangelische Theologe und Pfarrer, bringt es auf den Punkt, indem er sagt: »Wenn etwas gedeihen darf, gut werden und heil bleiben soll, dann spricht die Bibel von ›Segen‹. Segen ist eine Kraft, die von oben kommt. Wo sie ist, wächst etwas, blüht und gedeiht und reift.

Am Anfang steht ein Segen. Und am Ende der Dank für alles, was uns zufiel, oder genauer: was uns zugedacht war. Segen, das heißt: Es wächst etwas in uns. Es wächst etwas zwischen uns. Es gedeiht. Es wächst auch etwas durch uns und unsere Arbeit.

Segen hat mit Ernte zu tun. Denn wir können unsere Kräfte einsetzen, unsere Phantasie beflügeln und unseren Willen zwingen, ob aber bei unserer Arbeit am Ende etwas entsteht, von dem wir leben können, das muss wie Regen und Sonnenschein von oben kommen.«

Auch bei Ihrer Hochzeit stand eine Segensbitte am Anfang Ihres gemeinsamen Eheweges. Doch damit dieser Segen wirklich wirksam werden kann, sind der Glaube und das Vertrauen nötig, dass da »oben« jemand ist, der das zum Gedeihen und Wachsen Nötige schickt. Dass Sie auf Ihrem bisherigen Lebensweg diesen Glauben und dieses Vertrauen hatten, davon zeugt nicht nur Ihre heutige Station hier in der Kirche, sondern davon zeugt auch Ihr tägliches Leben »draußen«, in dem Sie zum Beispiel … (Beispiel aus dem Alltag des Paares einfügen. Anmerkung: Sollte es sich um ein Paar handeln, bei dem das nicht gesagt werden kann bzw. das nicht so bekannt ist, kann der letzte Satz auch nur lauten: Dass Sie diesen Glauben und dieses Vertrauen haben, davon zeugt unter anderem Ihre heutige Station hier in der Kirche).

Auch der Bibeltext, den Sie sich *(bzw. den wir)* für heute ausgesucht haben, führt uns eindrucksvoll vor Augen, was für Sie in den vergangenen 50 Jahren der wirklich tragende Grund auf Ihrem Eheweg war, nämlich die Zusage: »Ihr seid von Gott geliebt, seid seine auserwählten Heiligen!« Gott selbst hat Sie einander an die Seite gestellt und dazu auserwählt, den gemeinsamen Weg als Ehepaar miteinander zu gehen. Und Sie dürfen fest darauf vertrauen, dass er Sie mit seiner Liebe auf jeder Etappe Ihres Weges auch begleitet. Das heißt nun nicht, dass es immer nur gut vorangeht und nichts Schweres oder Trauriges geschieht – diese Erfahrung mussten Sie beide ja leider auch machen; aber es heißt doch, dass er immer und vor allem in den schweren Zeiten als Dritter da ist und Seines dazu tut, das, was ist, durchzustehen und zu bewältigen.

Er schenkt auch und gerade in diese Situation hinein seinen Segen, seine Heil bringende und heilsame Kraft, sodass auch hier noch etwas Wertvolles wachsen und reifen kann. *(Auch dafür sind auf Ihrem gemeinsamen Lebensweg durchaus Beispiele/Hinweise zu finden!)*

Weil also von Gott her diese Zusage seiner Liebe und des Auserwähltseins besteht, kann sich das in bestimmten »Tugenden« oder Haltungen, die sich im täglichen Umgang miteinander zeigen, auswirken. Laut unserem Bibeltext sind dies: aufrichtiges Erbarmen, Güte, Demut, Milde und Geduld sowie die Bereitschaft, einander zu vergeben. Als höchste Forderung, die sich aus der Liebe Gottes ergibt, formuliert Paulus: »Vor allem aber liebt einander, denn die Liebe ist das Band, das alles zusammenhält und vollkommen macht!« Da wir Menschen dies aber nur unvollkommen zu Wege bringen, listet Paulus drei Quellen auf, aus denen Sie in Ihrem reichen Leben auch immer wieder geschöpft haben: Es sind dies der Friede Christi, das Wort Christi und der gemeinsame Gottesdienst *(der Ihnen immer wichtig war und noch immer wichtig ist)*.

Dieser Text aus dem Kolosserbrief betrifft eigentlich das Leben einer christlichen Gemeinde. Trotzdem: Ich meine, er passt auch sehr treffend zur bisherigen Ehegeschichte unseres Jubelpaares. Ist er doch sozusagen eine Zusammenschau dessen, was sich für Ihr gemeinsames Leben als wichtig herausgestellt hat. Dieser Text verrät einiges darüber, wie Sie als Paar Ihre Beziehung pflegten und lebten, ja, er gibt sozusagen das »Geheimnis« Ihrer bisherigen 50-jährigen geglückten Ehe preis.

Was ist es nun aber, das Sie beide heute als Ernte einfahren können? Vielleicht dies: 50 Jahre verheiratet, miteinander gelebt und einander geliebt; wenn es nötig war, sich gegenseitig an der Hand gehalten; in Zeiten der Spannung auch miteinander gestritten; und doch wieder auf den anderen zugegangen, Kompromisse gesucht und manchmal gefunden; uns versöhnt, einander verziehen und oft getröstet – mit neuem Mut gemeinsam weitergegangen – alles in Liebe, getragen und zusammengehalten von der Liebe Gottes – 50 Jahre lang!

Zeichenhandlung

In diesem »Erntekorb Ihrer Ehe«, den ich Ihnen überreichen möchte, finden Sie verschiedene »Erntegaben«, die das Gesagte symbolisch darstellen und gleich-

zeitig für einen besonderen Segenswunsch für Ihre gemeinsame Zukunft stehen:
- Mit diesem Säckchen mit 50 Muggelsteinen als Symbol für die vielen kostbaren Augenblicke, die Sie in den 50 Jahren gemeinsamer Ehe erlebt haben, wünsche ich Ihnen auch weiterhin ein möglichst erfülltes, langes, gemeinsames Leben mit vielen, vielen weiteren kostbaren Augenblicken.
- Mit einem kleinen Rosentöpfchen als Symbol für die gegenseitige Liebe, die Sie einander geschenkt haben, wünsche ich Ihnen, dass Sie nicht müde werden, in kleinen und großen Zeichen dem anderen immer wieder Ihre Liebe zu zeigen.
- Mit den Nüssen als Symbol für schwierige Situationen, in denen es galt, zusammenzuhelfen und zusammenzustehen, um sie zu »knacken«, wünsche ich Ihnen, dass sie einander auch in Zukunft noch lange beistehen können, selbst wenn die eigenen Kräfte immer mehr nachlassen.
- Mit dem Schälchen Mehl aus zerriebenen Getreidekörnern als Symbol für Streit und Konflikte wünsche ich Ihnen, dass Sie auch in Zukunft Ihre Meinungsverschiedenheiten fair und in Achtung vor dem anderen austragen und sich nicht scheuen, den ersten Schritt zur Versöhnung zu tun.
- Mit dem Körbchen voll süßem Obst als Symbol für all die Situationen, in denen Sie Trost gebraucht haben und brauchen, wünsche ich Ihnen, dass Sie, wenn es notwendig werden sollte, immer wieder neue Möglichkeiten finden, einander zu trösten.
- Und schließlich mit dem Korb (in dem all die Gaben liegen) und dem goldenen Band als Symbol für die Zusage Gottes, geliebt zu sein, wünsche ich Ihnen, dass Sie vor allem in der Zukunft, die uns allen noch Geheimnis ist, sich jederzeit getragen fühlen von und geborgen wissen in Gottes Liebe – was auch immer kommen mag!

Segensgebet über das Jubelpaar

Vor 50 Jahren haben Sie sich am Traualtar für Ihr ganzes Leben Liebe und Treue versprochen. Reichen Sie sich in Dankbarkeit vor Gott die Hand, wie Sie es vor 50 Jahren getan haben, als Sie sich das Sakrament der Ehe spendeten.
Wir wollen um den Segen Gottes bitten, damit Sie in ihm geborgen bleiben bis ans Ende Ihres Lebens:

Herr und Gott,
wir preisen deinen Namen, denn du hast dieses Ehepaar in guten und bösen Tagen mit deinem Schutz begleitet.
Schenke ihm die Fülle deines Heils. Segne dieses Jubelpaar, das mit seinen Kindern, Enkeln, Verwandten und Freunden gekommen ist, um dir Dank zu sagen.
Wir bitten um die Gnade, dass die Ehepartner dich in frohen Tagen loben, in der Trauer bei dir Trost finden und in der Not deine Hilfe erfahren.
Gewähre ihnen ein hohes Alter in Gesundheit, schenke ihnen Weisheit des Herzens und Stärke des Glaubens.
Gib ihnen einst mit ihren Kindern und Enkelkindern die Vollendung in deiner Herrlichkeit.
Darum bitten wir durch Christus, unseren Herrn.

Fürbitten

Die Fürbitten werden von den Kindern des Paares vorgetragen.

Guter Gott, du hältst deine Hand über uns. Voll Vertrauen tragen wir dir unsere Bitten vor:
- Für unsere Eltern, die heute voll Dankbarkeit auf die 50 Jahre zurückblicken, in denen sie ihr Leben in Freud und Leid geteilt haben: dass sie noch viele Jahre zusammenbleiben dürfen.
- Für alle Angehörigen dieses Jubelpaares: dass sie einander zur Seite stehen, wo immer es nötig ist.
- Für alle Menschen, besonders alle Kranken, alle, die keine Hoffnung mehr haben: Lass sie deine Nähe und deinen Beistand spüren.
- Für unsere Verstorbenen, die von dir heimgerufen wurden: dass sie für immer in deinem Frieden sein dürfen.

Gott, schaue gütig auf unsere Eltern, die 50 Jahre durch deinen Willen miteinander leben durften. Lass sie ihren Weg glücklich vollenden, an dessen Ende du stehst. So bitten wir durch Christus, unseren Herrn.

Schlussgebet und Segen

Barmherziger Gott,
du bist uns Menschen nahe, näher als wir uns selber sind. Als liebende Wesen hast du uns geschaffen, als dein Ebenbild.

Heute danken wir dir für dieses Paar, das seit 50 Jahren seinen Weg miteinander geht. Sie zeigen uns durch ihr Leben, was Liebe vermag in guten wie in schweren Zeiten. Wir danken dir für all das, was die beiden an uns weitergeben an Erfahrung, Weisheit und gutem Rat.
Lass sie noch lange in Zufriedenheit leben und begleite all ihre Wege.

Bitten wir zum Schluss um den Segen:
Gott, der allmächtige Vater, segne euch und behüte euch; er schenke euch seine Freude.
Alle: Amen.
Der Sohn Gottes, unser Herr Jesus Christus, bleibe euch nahe und stärke euch alle Tage eures Lebens.
Alle: Amen.
Der Heilige Geist wohne in euren Herzen und erneuere in euch seine Liebe.
Alle: Amen.
Uns alle, die wir zu dieser Feier versammelt sind, segne der allmächtige Gott: der Vater und der Sohn und der Heilige Geist.
Alle: Amen.

Elfriede Sacha

Liebe ist nicht nur ein Wort
Ansprache zur Goldenen Hochzeit

Schrifttexte
1 Joh 4,7–16a   Die Vollendung des Glaubens in der Liebe
Joh 15,9–14   Bleibt in meiner Liebe

Fügungen
»Liebe ist nur ein Wort« – so lautete der Titel eines Romans von Mario Simmel. Dieser Titel suggeriert: Das Wort »Liebe« wird zwar oft gebraucht, aber in Wirklichkeit gibt es sie nicht. Zugegeben: Oft ist es so, dass »Liebe« gesagt wird, aber »Faszination«, »Genuss«, »Haben-wollen«, »Eroberung« oder nur »Sex« gemeint ist.
Aber hat etwa ein Don Juan wirklich geliebt?!
Sie beide haben es auf Ihrer Einladungskarte anders geschrieben – nach dem neueren Kirchenlied: »Liebe ist *nicht* nur ein Wort«, weil Sie es in den vergangenen 50 Jahren anders erfahren haben. Für Sie ist Liebe lebendige Wirklichkeit. Natürlich: Am Anfang stand auch für Sie Faszination, Begehren, Freude und Lust aneinander. Aber das ist nicht alles.
Da gab es auch das Staunen: »dass es dich gibt, dass du mich magst und überhaupt, dass wir einander gefunden haben«. Das war schon etwas Besonderes. Es bedurfte schon einiger Zufälle – besser »Fügungen«, dass diese beiden zusammenkamen (Konkretes einfügen).

Worte und Taten
»Liebe ist nicht nur ein Wort, Liebe, das sind Worte und *Taten*«, so geht das Lied weiter und so haben Sie es erlebt. Man muss auch schon etwas tun für die Liebe: kämpfen, anrufen, besuchen, werben, die des anderen erkennen und zu verstehen suchen, sie manchmal auch ertragen, bis zu dem Entschluss: »Wir wollen ganz miteinander leben.« Sie mussten eine gemeinsame Existenz aufbauen und dabei verschiedene Interessen und Berufe in Einklang bringen.
Sicher hatten Sie auch Lust und Freude aneinander und dann mit den Kindern. Aber es bedeutete Einsatz, Arbeit, Engagement. Es musste auch Geduld miteinander gelernt werden. Um die Kinder gab es viele kleinere und große Sorgen.

Es galt immer wieder aufeinander zuzugehen und sicher mussten Sie auch lernen, einander zu verzeihen.

Alles das sind Taten, die Sie in den 50 Jahren geleistet, vielleicht durchgestanden haben – aber so sehr, dass es für Ihre Kinder, Enkel und Freunde einfach klar, ja selbstverständlich ist: »Ihr beide gehört zusammen!«

Gelebte Wirklichkeit

Damit haben Sie gezeigt und zeigen es bis heute: Liebe und Treue sind nicht nur eine schöne Illusion, sondern gelebte Wirklichkeit. Das ging möglicherweise nicht ohne Fragen, Unsicherheiten und vermutlich auch nicht ohne Versagen und Schuld. Aber Sie haben es durchgestanden und das grundsätzliche Ja zueinander nicht aufgegeben und gelernt, auch nach Jahrzehnten gemeinsam zu gehen. Das bedeutet: Auch wenn sie immer wieder neu errungen werden muss, Liebe ist nicht nur eine Wort! Es gibt sie als gelebte Wirklichkeit.

Es gibt sie, wenn man lernt, nicht nur die schönen und »tollen« Seiten des anderen zu schätzen, sondern auch die Macken und Marotten mit wohlwollendem Lächeln zu akzeptieren, ja zu mögen.

Sie stimmen, die geflügelten Worte: »Liebe heißt nicht, einander in die Augen zu schauen, sondern miteinander in die gleiche Richtung zu sehen«, und das andere: »Liebe heißt, einzuwilligen, miteinander alt zu werden.« Sie beide haben das gelebt und geschafft. Und das ist ein Grund zur Dankbarkeit. Sie sind einander dankbar, denn Sie haben sich diese Zeit gegenseitig geschenkt. Wir alle, die Anwesenden, sind Ihnen dankbar, weil Sie uns gezeigt haben: Es ist möglich, Liebe und Ehe lebenslang zu leben.

Mehr als menschliche Leistung

In diesen 50 Jahren haben Sie sicher auch noch etwas anderes gespürt und immer mehr gewusst: Dass Sie einander begegnet sind, dass Sie einander Zeiten größter Lust und Freude schenken konnten, dass Sie Kindern das Leben schenken konnten, dass Sie so lange miteinander leben konnten, dass Sie Zeiten von Kummer, Sorge und Krankheit durchstehen konnten, das alles ist nicht allein unsere menschliche Leistung.

Dahinter und darüber ist eine Macht, die alles trägt, die will, dass alles da ist, dass die ganze Welt da ist, und die will, dass jeder Einzelne von uns lebt. Nicht umsonst wird gesungen, »die Liebe ist eine Himmelsmacht«.

Durch die Bibel und besonders durch Jesus von Nazaret wissen wir, dass diese Macht keine blinde Schicksalsmacht ist, sondern jemand, den wir Gott nennen. Und Jesus hat uns gezeigt, dass dieser Gott für uns wie ein guter Vater, wie eine liebende Mutter ist. Darum geht das neuere Lied weiter: »Liebe ist nicht nur ein Wort, Liebe das sind Worte und Taten. Als Zeichen der Liebe ist Jesus geboren, als Zeichen der Liebe [Gottes] für diese Welt.«

Sie ahnen es, Sie glauben es, sind überzeugt, dass in diesen Jahren Gott Sie getragen hat. Darum feiern Sie Ihren Jubeltag hier in der Kirche vor Gott. Sie sind im Tiefsten Ihm dankbar für diese Jahre, die Er Ihnen geschenkt hat. Denn bevor wir einander lieben, hat Er uns schon längst gewollt und geliebt. Weil Er uns liebt, deshalb brauchen wir auch vor der Zukunft keine Angst zu haben. Sicher, wenn man 70 bzw. 75 Jahre alt ist, dann weiß man, dass die Zukunft auch Schwäche mit sich bringt, Behinderung, vielleicht Krankheit und Schmerzen und ganz sicher irgendwann den Tod. Aber weil hinter allem und über allem und in allem Gottes Liebe steht, weil Er uns bisher getragen hat, können wir vertrauen, dass Er uns auch dann trägt. Wir können darauf vertrauen, dass Er uns dann hinüberträgt in Seine andere Welt – so wie Jesus uns verheißen hat: »Ich gehe zum Vater, um euch einen Platz zu bereiten.« Dort wird es keine Schmerzen, keine Trauer und keine Tränen mehr geben, sondern nur Seine liebende und beglückende Gegenwart und eine ewige Festfreude, wenn wir nur dafür offen sind, wenn wir glauben und vertrauen.

Ihr heutiges Fest der Dankbarkeit möge dafür ein Vorgeschmack sein – und die Eucharistie, die wir jetzt miteinander feiern, ist schon jetzt ein Zeichen Seiner liebenden Gegenwart.

Rolf Fleiter

Die Liebe hört niemals auf
Feier zur Diamantenen Hochzeit

. . . .

Schrifttext
1 Kor 13,8: Die Liebe hört niemals auf
> Die Liebe hört niemals auf. Prophetisches Reden hat ein Ende, Zungenrede verstummt, Erkenntnis vergeht.

Ansprache
> Die Ansprache bezieht das Bild »Die Liebe hört niemals auf« von Sieger Köder ein (zur Ansicht auf beiliegender CD). Das Motiv ist als Meditationsbild (Bestellnr. 828D) oder als Schmuckkarte (Bestellnr. SK 308) erhältlich beim Kunstverlag Ver Sacrum, 73760 Ostfildern, oder unter www.versacrum.de.

Das Bild
»Die Liebe hört niemals auf« (1 Kor 13,8). Wenn alles aufhört, bleibt die Liebe. Wenn keine Worte mehr fallen, singt die Liebe immer noch ihr Lied. Wenn einem buchstäblich nichts mehr einfällt, hat die Liebe das letzte Wort.
Liebe ist vollkommen und unendlich. Entgegen menschlicher Erfahrung von Einsamkeit, Trennung, Verlassenheitsangst und Krankheit behauptet ein Bibeltext, Liebe sei vollkommen und ewig. In ihrer Kraft, in ihrer Wirkung, in ihrer Zuwendung. Liebe stirbt nicht. Liebe vergeht nicht.
Sieger Köder hat diesen Bibeltext in den Bildern eines Liebespaares und sie umhüllender roter Rosen dargestellt. Eine sich nie entblätternde Rose birgt unzählige Rosenknospen, spiralförmig angeordnet, zentriert in der Umarmung von Mann und Frau. Die Gestik ihrer Arme nimmt die Umhüllung der roten Blütenblätter auf. Zärtlichkeit, nicht enden wollende Hingabe, verströmt sich weiter nach innen und gleichzeitig wieder zurück nach außen. Liebe strömt. Sie funkelt. Sie verschenkt sich. Sie ist nicht allein für sich.
Die Darstellung findet sich als Glasfenster. Das Material Glas verstärkt diesen Eindruck: durchscheinend, transparent, drinnen und draußen verbindend und auch trennend. Liebe sucht nicht das Ihre, sondern den anderen. Aber sie kennt das Ihre und kennt das Du. Einssein und Verschmelzen ist leicht. Zweiwerden und Zweibleiben ist schwer. Vielleicht erscheint die Liebe deshalb als

die höchste Geistesgabe. Gut, dass Sieger Köder die beiden so zugewandt und je in sich ruhend gestaltet hat. Die Liebe ist eben vollkommen.

Das Leben

(Hier kann – eventuell verbunden mit historischen Besonderheiten – Biografisches eingefügt werden aus dem Leben des Paares bis zum heutigen Tag.)

Liebe und Segen

In diesem Gottesdienst werden Sie gesegnet. Wir hörten von der wundervollen Liebe – wie Paulus sie im Korintherbrief beschrieb –, die niemals ein Ende hat, weil sie von Gott kommt. Sie wird jeden Tag bei Ihnen sein. Mit dem aufgehenden Licht des Morgens bis zur Ruhe der Nacht. Sie wird dabei sein, wenn Tage Festtage sind und wenn es Tage sind, die Ihnen nicht gefallen. Und sie wird über dem Graben des Abschieds und des Todes da sein, als Brücke, als Band, als fester Halt.

Beim Segnen passiert etwas Wundervolles: Sie werden noch einmal verbunden mit der göttlichen und ewigen Schöpferkraft, die Sie geschaffen hat als Einzelpersonen und als Paar. Noch einmal, weil wir Menschen auf Wiederholung und Erinnerung angewiesen sind.

Noch einmal, weil Gottes Liebe immer wieder neu empfangen werden will. Gott liebt auf Zukunft hin. Er liebt uns in die Ewigkeit hinein. Er liebt uns als einzelnen Menschen, als Frau, als Mann, und als sechzig Jahre verbundenes Paar. Gott segne Sie.

Gebet

Wir danken dir, Herr,
für das Fest der Liebe heute in diesem Gottesdienst.
Für das Geschaffensein von Mann und Frau.
Für die Schönheit der Liebe, die N. N. und N. N. verband.
Für den Segen, der von ihnen ausging.
Für alle Farbigkeit im Alltag einer Ehe,
für jeden Aufbruch aus erlebter Routine,
für Phantasie und Können in den Lebensfragen, die anstanden.
Wir danken dir, Herr,
für alles Bewahrtwerden in Notzeiten.
Für Gemeinschaft in stürmischen Zeiten.

Für Heilung bei Krankheit und Schicksalsschlägen.
Wie Diamanten funkeln, so vibriert unsere Seele,
wenn du uns in Liebe berührst.
Wie Rosen sich entblättern, so öffnet sich unser Herz,
wenn dein Atem uns streift.
Schenke diesem Jubelpaar unaufhörlich deine Liebe.
Schenke seinen Kindern, Angehörigen und Nächsten deine Liebe.
Schenke dieser Welt deine Liebe.
Schicke den Mutlosen Liebende zur Seite,
den Verzweifelten Mutige,
den Kranken Hoffnungsvolle,
den Angebern Träumerische,
den Mächtigen kleine Kinder,
den Reichen Arme,
den Hungrigen Großzügige.
Lass uns in deiner Liebe reifen, stark werden und von ihr erzählen.
Lass deine Gemeinde immer spüren, wie Lieblosigkeit sich anfühlt.
Lass deine Kirche klar und mutig in deiner Liebe für die Welt auftreten.

Segen
Inmitten der Welt
bei euren Lieben
schenke Gott euch seinen Segen.
Was war, möge euch beglücken.
Wo Freude war, soll noch mehr Freude sein.
Und vergangene Nöte sollen vergangen sein.
Was kommt, möge euch behutsam und liebevoll empfangen.
Tage gemeinsamen Glücks sollen euch erheitern wie der Gesang der Nachtigall.
Beschwerlichkeiten mögen weichen wie der Frühnebel am Flussufer.
Und wenn es heißt Abschied zu nehmen,
so nehme euch der Gott der Liebenden in seine Arme.

Kathrin Buchhorn-Maurer

Feiern zu verschiedenen Anlässen in der Ehe

Gott stärke dich durch meine Liebe
Segensfeier zum Hochzeitstag

Vorbemerkung
Es ist gut, wenn Paare über alles reden können, aber oft lässt sich nicht alles bereden. Manches bleibt in einer Paarbeziehung offen: unerfüllte Wünsche; bestimmte Eigenheiten, mit denen der/die andere nicht zurechtkommt; Konflikte, für die es (noch) keine Lösung gibt; Schuld, die sich trotz Vergebungsabsicht nicht ausräumen lässt.
Gerade deshalb bedürfen Paare der rituellen Vergewisserung. Rituale helfen, die schönen Seiten einer Paarbeziehung zu würdigen und die schwierigen Seiten zu bergen. »Das Ritual wird somit zur Symbolisierung fragmentarischen Lebens« (Andreas Odenthal). Es ermöglicht dem Paar, wieder Ja zu sagen zu dieser Beziehung in all ihrer Schönheit und Endlichkeit.
Die Elemente der Segensfeier zum Hochzeitstag können verschieden verwendet werden:
– Ein Paar feiert für sich allein, bittet um den Segen Gottes für die Beziehung und segnet sich gegenseitig.
– Mehrere Paare werden gemeinsam gesegnet, z.B. bei einer Segensfeier für alle Paare, die im gleichen Jahr ein Ehejubiläum haben.
– Ein/e Christ/in »schenkt« einem befreundeten oder verwandten Paar eine Segensfeier zum Hochzeitstag.

Schrifttexte
Hld 8,5–6   Leg mich wie ein Siegel auf dein Herz
Ps 23   Der Herr ist mein Hirte

Gestaltung
Die Gestaltungsvorschläge basieren auf den Bildern »Unter dem Apfelbaum habe ich dich geweckt« (Hld 8) und »Dein Stock und dein Stab. Psalm 23« von Sieger Köder. Beide Bilder befinden sich in Farbe auf der beiliegenden CD. Als Postkarten oder Meditationsbilder sind sie erhältlich beim Kunstverlag Ver Sacrum, 73760 Ostfildern, oder unter www.versacrum.de.

Sieger Köder, Unter dem Apfelbaum habe ich dich geweckt

Sieger Köder, Dein Stock und dein Stab

Wenn das Paar allein feiert:

In einer gemeinsamen Vorbereitung wählen beide eines der Bilder aus oder einigen sich, wer sich mit welchem Bild beschäftigt.

Zu Beginn der Feier legen sie das/die ausgewählte/n Bild/er in die Mitte und sagen einander, was sie in diesem Bild sehen, was sie daran anspricht und inwiefern sie es mit ihrer Paarbeziehung verbinden können.

Wenn zwei verschiedene Bilder betrachtet wurden, schenkt am Ende jede/r dem/der anderen sein/ihr Bild.

Dann liest eine/r die eine oder beide Bibelstelle/n aus der gemeinsamen Bibel vor.

Wenn das Paar noch keine hat, ist dies ein Anlass, eine zu kaufen.

Daran kann sich ein Gespräch über den Bibeltext anschließen.

Wenn die Feier von einer Liturgin/einem Liturgen geleitet wird:

Alle Teilnehmenden erhalten eines der Bilder und Zeit, es zu betrachten. Die Paare werden eingeladen, sich gegenseitig zu sagen, was sie auf dem Bild sehen und was sie anspricht, oder das Bild still zu betrachten.

Es folgt eine kurze meditative Deutung durch den Liturgen/die Liturgin:

Meditation zu den Bildern

»Unter dem Apfelbaum habe ich dich geweckt« (Hld 8)
Ein Paar unter einem Apfelbaum. Der Apfelbaum trägt schöne rote Äpfel, zum Reinbeißen rund und viele dazu. Rote Äpfel als Bild für die Früchte eines Paares, das schon länger miteinander verheiratet ist.
Das Bild lädt ein, auf die Äpfel zu schauen und sie genau zu betrachten. Im übertragenen Sinn: Das Bild lädt ein, den Blick auf die schönen runden Früchte der gemeinsamen Beziehung zu lenken. Im Alltag wird der Blick manchmal schneller auf das gelenkt, was keine Früchte getragen hat, was unfruchtbar, unerfüllt geblieben ist. Manchmal steht man vor einem Baum und schaut auf die heruntergefallenen fauligen Äpfel und vergisst dabei, nach oben zu blicken auf die vielen Früchte am Baum.
Das Bild lädt Sie jetzt ein, auf die Früchte Ihrer Beziehung zu schauen.
Sehen Sie mit Ihren inneren Augen in einer kurzen Stille die Früchte Ihrer Beziehung.

Stille

Unter dem Baum das Paar.
Vielleicht ist dieses Bild ein Schnappschuss, nachdem das Paar gemeinsam auf die Früchte seiner Ehe geblickt hat. Vor Freude über die vielen roten Äpfel umarmen sie sich und geben sich einen dicken Kuss.

Stille

Und über all dem die Sonne.
Über all dem das Licht, damit der Baum weiter wachsen und weiter Früchte tragen kann. Und über all dem Gottes Segen, über den roten runden Äpfeln am Baum und über den heruntergefallenen Äpfeln am Boden. Auch die gehören zu jedem Apfelbaum. Auch die sind unter Gottes Segen aufgehoben.

Dein Stock und dein Stab (Ps 23)
Im Hintergrund satte grüne Wiesen und karge Felsen.
Beides erleben wir in der Natur, beides erleben wir in unseren Beziehungen. Die grünen Wiesen: Da kann man sich einfach fallen lassen und ausruhen; da macht es Spaß zu leben und sich niederzulassen; da wachsen Blumen und surren Bienen; da ist Leben.

Die kargen Felsen: Da ist es schwer miteinander; da reibt man sich aneinander; da werden einer Beziehung von außen schwere Brocken zugemutet; da müssen enge Schluchten durchwandert werden.
Denken Sie in einer kurzen Stille an die grünen Wiesen und die kargen Felsen in Ihrer Beziehung.

> Stille

Im Vordergrund das Paar und der Stock. Mann und Frau umfassen den Stock und halten sich daran fest. Sie können sich aufstützen, sie können mit Hilfe des Stocks weitergehen, sie können innehalten und sich auf den Stock gestützt ausruhen. Vielleicht hilft er auch, »Feinde« abzuwehren, die Beziehung zu verteidigen, zu schützen.
»Dein Stock und dein Stab geben mir Zuversicht.« So lautet der Satz in Psalm 23, zu dem Sieger Köder dieses Bild gemalt hat. In der Übersetzung Fridolin Stiers heißt es, dein Stock und dein Stab, »die mutigen mich«. Arnold Stadler übersetzt frei: »Du gehst mir voraus. Das ist meine Hoffnung.«
Für Sie (als Paare) gesprochen: Du gehst uns voraus. Das ist unsere Hoffnung. Unser gemeinsamer Gott geht den Weg, der vor uns liegt, mit. Ja, er ist sogar mindestens einen Schritt weiter, er bereitet den Weg, dass wir ihn gehen können. Als ob er den Weg schon einmal testen würde, damit er auch nicht zu schwer für uns wird.
Die andere Übersetzung: Dein Stock und dein Stab, die mutigen uns. Du, Gott, machst uns Mut, die kommenden Jahre gemeinsam weiter zu gehen.

> Jeweils abschließend wird die Bibelstelle vorgelesen.

Gebet

Gott,
unser Hochzeitstag ist Anlass zu feiern.
Wir danken dir für die guten Tage unserer Ehe,
wir danken dir, dass wir die schwierigen Tage bewältigt haben.
Wir bitten dich, lege deinen Segen auf unser gemeinsames Leben.
Stärke unser Zueinander und Füreinander
jetzt und alle Tage unseres Lebens.

Segen

> Wenn das Paar allein feiert:

Liebe N. N.,
Gott segne dich.
Er halte schützend seine Hand über dich.
Er geleite dich auf unserem Weg
und stärke dich durch meine Liebe.

Lieber N. N.,
Gott segne dich.
Er berge dich in seinem Schoß.
Er führe dich an meiner Seite
und begleite dich in unsere Zukunft.

> Die Partner können sich dabei an den Händen nehmen oder der eine macht der anderen und umgekehrt ein Kreuzzeichen auf die Stirn. Das Paar kann vorher aussuchen, wer welchen Teil spricht.

> Wenn die Feier von einer Liturgin/einem Liturgen geleitet wird:

Gott segne euch.
Er halte schützend seine Hand über euch.
Er berge euch in seinem Schoß.
Er führe euch auf eurem Weg.
Er geleite euch über Höhen und durch Täler.
Das gewähre euch der liebende Gott,
der Vater, der Sohn und der Heilige Geist.

Symbolhandlung

Im Sinne einer Agape kann das Paar für sich oder können die Paare bei einer gemeinsamen Feier (geschenkte) rote Äpfel miteinander essen und genießen. Oder das Paar macht am Hochzeitstag einen Waldspaziergang und sucht – zusammen mit den Kindern – nach einem schönen Stock, der als Erinnerung an den Hochzeitstag eine Weile im Haus aufgestellt wird.

Christiane Bundschuh-Schramm

Sie haben keinen Wein mehr!
Ansprache zu einem Treffen von Ehepaaren

. . . .

Schrifttext
Joh 2,1–12   Die Hochzeit zu Kana

Vorbemerkung
Diese Predigt wurde bei einem Gottesdienst mit anschließender Begegnung der Brautpaare gehalten, die in den letzten fünf Jahren in der Gemeinde geheiratet haben.

Ansprache
Stellen Sie sich das einmal vor: Sie denken an Ihren Hochzeitstag zurück. An all die vielen Verwandten und Freunde, die schönen Geschenke, die lustigen Einlagen, an die tolle Musik … und mitten in den Brautwalzer ruft jemand hinein: »Sie haben keinen Wein mehr!«
Genau diese Feststellung wagt Maria, die Mutter Jesu, in der Erzählung von der Hochzeit zu Kana. Natürlich hoffe ich, dass Sie bei Ihrer Feier nicht in diese missliche Lage gekommen sind. Und trotzdem habe ich diese Textstelle für unseren gemeinsamen Tag gewählt, weil ich glaube, dass dieser Satz auch nach Ihrer Hochzeit noch spannend bleibt.
Ich lade Sie dazu ein, diese Feststellung der Mutter Gottes auf Ihr Leben zu übertragen. Stellen Sie sich das einmal vor: Einige der Hochzeitsgäste würden von Ihrem Eheleben oder von Ihrer Familie heute behaupten: »Sie haben keinen Wein mehr!« Das klingt zwar provozierend und herausfordernd, aber ich glaube: Dieser marianische Blick kann der erste Schritt für ein Wunder in unserem Leben sein.
In der Geschichte von der Hochzeit zu Kana wird für mich besonders deutlich, dass mit »Wein« viel mehr gemeint sein muss. Bei Wein denke ich auch an den fruchtbaren Boden, den lauen Sommerregen, die warme Sonne und die Pflege des Weinstocks. Auch in unserer Erzählung geht es nicht einfach nur um trinken oder gar betrinken. Vielmehr spiegelt der Wein für mich die ganze Liebe des Brautpaares wider, ihr eindeutiges »Ja« zueinander, ihre Zuneigung und ihre Dankbarkeit, das Leben nun gemeinsam zu meistern. Der Wein steht für

Freude und Glück. Der Wein steht für die Fülle des Lebens verbunden mit dem Wunsch, dass das schöne Fest nicht zu Ende gehe. Oder wie es in dem Lied zum Ausdruck kommt, das wir am Anfang miteinander gesungen haben: »Unser Leben sei ein Fest, an diesem Morgen und jeden Tag!«

Aber: Hand aufs Herz – ist das noch die Melodie, die wir jeden Tag singen und die unser Leben begleitet? Müssten wir nicht doch vielleicht manchmal klein beigeben und eingestehen: Es stimmt, wir haben keinen Wein mehr! Manchmal steht uns das Wasser sogar bis zum Hals!

Von vielen Ehepaaren höre ich, dass sich nach der ersten Freude und großen Verliebtheit eine Phase der Ernüchterung eingeschlichen hat. Die Seiten der Hochzeitsromantik in Ihrem Lebensalbum sind inzwischen weiter geblättert worden. Der Alltag mit all seinen Anforderungen und Belastungen lässt einen schnell in der Wirklichkeit erwachen.

Kindererziehung, Rollenfindung, Arbeitsfrust, Geldsorgen, Kommunikationsprobleme … sind nur einige plakative Schlagwörter, die man alle mit der Feststellung »Sie haben keinen Wein mehr!« zusammenfassen kann.

Wir sind heute nicht zusammengekommen, um Trübsal zu blasen und uns gegenseitig etwas vorzujammern. Aber vielleicht tut es auch einmal gut, wenn wir nicht irgendwelchen Träumen und Illusionen hinterherjagen, sondern diesen marianischen Blick auf unser Leben riskieren.

Die Erzählung von der Hochzeit von Kana bleibt nicht bei den leeren Krügen stehen. Gerade weil Maria ihren Mund aufmacht und anspricht, was vielleicht allen anderen peinlich ist, geschieht etwas Unglaubliches. Jesus lässt die Krüge mit Wasser füllen und macht aus dem Wasser Wein.

Auch wir sind heute zusammengekommen, um unser Leben verwandeln zu lassen:

- Ich möchte Sie dazu ermutigen, mit Maria einen ehrlichen Blick auf Ihre Lebenssituation zu werfen.
- Ich möchte Sie in diesem Gottesdienst ermutigen, dass Sie sich trauen, mit Maria offen zu rufen: »Wir haben keinen Wein mehr.«
- Ich möchte Sie dazu ermutigen, all das Wässrige, Öde und Fade des Lebens mit in diesen Tag hineinzunehmen.
- Ich möchte Sie ermutigen, gemeinsam über Möglichkeiten nachzudenken, wo bei Ihnen Wasser in Wein verwandelt werden kann.

Dabei wird es keine schnellen Lösungen und Wunder geben, die die Sorgen und Probleme einfach wegzaubern. Aber von Maria lernen wir: Der ehrliche

Blick auf das Leben ist der erste Schritt zu einer Verwandlung. Darum lade ich Sie ein, die Wahrheit über Ihr Leben in die Krüge Jesu zu füllen. Bei ihm ist Verwandlung möglich. Es soll Ihnen »reiner Wein« eingeschenkt werden. Wein, der Ihr Leben neu erfreut. Wein, der Ihr Leben erfüllt und verwandelt! Von diesem Wein sollen Sie genügend für Ihren Alltag mitnehmen können. Vielleicht sagen auch Sie dann, was der heilige Hieronymus († 419/420) einmal jemandem geantwortet hat, der wegen der unglaublichen Menge Wein – »zwei bis drei Metreten« sind über 600 Liter! – seine Zweifel an der ganzen Erzählung von der Hochzeit zu Kana anmeldete: »Allerdings, das ist sehr viel Wein! Wir trinken heute noch davon!«

Jesus hat nicht nur Wasser in Wein verwandelt. Er hat auch das Leben der Menschen verwandelt. Das Wunder geschieht im Herzen. Das Wunder geschieht, weil Maria den Anfang wagt. Maria weiß, was wir brauchen: Wein, von dem wir ein Leben lang trinken können!

Alexander Reischl

Weil du in meinen Augen kostbar und wertvoll bist
Mutter-/Elternsegen während der Schwangerschaft

Schrifttext
Jes 43,1–5.7   Fürchte dich nicht

Gott ist ein Gott des Lebens
Wenn wir heute zum Mutter- bzw. Elternsegen zusammen sind, dann lohnt es sich, in die Bibel, die Urkunde unseres christlichen Glaubens, zu schauen und in ihr auf Entdeckungsreise zu gehen. Die Bibel gibt uns nämlich Kunde davon, dass Gott, der als Gott des Lebens bezeugt wird, die entscheidenden Stationen des menschlichen Lebens in seiner Schöpfermacht gestaltet und begleitet. Deshalb ist die Bibel ein Buch, in dem es um Leben und Tod geht, um das Gezeugtwerden und Geborenwerden, um Gesundheit und Krankheit des Menschen, um Lob und Dank und Preis gegenüber dem, der den Menschen ins Dasein rief.

Wie der Prophet im Mutterleib berufen
Schon in den Büchern der Propheten wird beschrieben, welch großes Ereignis die Berufung eines Propheten darstellt, die sich meist nicht erst im Erwachsenenalter ereignete. An Jeremia erging das Wort des Herrn: »Noch ehe ich dich im Mutterleib formte, habe ich dich ausersehen, noch ehe du aus dem Mutterschoß hervorkamst, habe ich dich geheiligt« (Jer 1,5). Wie der Prophet sind wir alle erwählt. Im Plan Gottes haben wir von Anfang an unseren Platz. Mit der Zeugung und der Geburt treten wir Menschen für eine Reihe von Jahren in die Begrenzungen von Raum und Zeit ein. Aber in der Ewigkeit hat Gott uns in seinen Händen. Auch Ihre Kinder haben vor Gott diese Berufung, sie sind auserwählt von Ihm und Sie bereiten ihnen den Weg in diese Erdenzeit.

Wunderbar wirkt Gott am Menschen
In den Liedern des David, den Psalmen, wird Gott ebenfalls gepriesen für sein wunderbares Wirken an uns Menschen. Im Psalm 139 findet sich ein sehr schönes, tiefes Gebet: »Du hast mein Inneres geschaffen, mich gewoben im Schoß meiner Mutter. Ich danke dir, dass du mich so wunderbar gestaltet hast. Ich weiß: Staunenswert sind deine Werke. Als ich geformt wurde im Dunkeln,

kunstvoll gewirkt in den Tiefen der Erde, waren meine Glieder dir nicht verborgen. Deine Augen sahen, wie ich entstand, in deinem Buch war schon alles verzeichnet« (Ps 139,13–16).

Ein Kind kann nicht gemacht werden mit all seinen Begabungen und Fähigkeiten, mit seinen guten und schlechten Seiten; es kann nicht programmiert werden, welche Augenfarbe, welche Haarfarbe es einmal haben wird, welche Charaktereigenschaften, auch wenn heutige Wissenschaftler das zunehmend anstreben. Es ist der lebendige Gott, dem wir verdanken, wer und wie ein Mensch ist. Das Geschenk des Lebens nehme wir dankbar aus seiner Hand anz. Wir sind seine Ebenbilder, deshalb tragen Sie als Mütter Ebenbilder Gottes unter Ihrem Herzen.

Die Mutterschaft Marias

Jesus Christus, der Gottessohn, hat sich auch dem Mutterschoß anvertraut. Maria hat ihn neun Monate unter ihrem Herzen getragen, sie hat die Freuden und Schmerzen einer Schwangerschaft und Geburt erfahren. Also dürfen Sie auch auf die Mutter des Herrn schauen, sie kennt Ihr Hoffen, Warten und Fragen, das Sie im Herzen tragen.

Eine Mutter ist »guter Hoffnung«

Von einer Mutter, die ein Kind erwartet, wird gesagt, sie sei »guter Hoffnung«. Ja, Sie, liebe Mütter, verbinden Hoffnungen mit diesem Kind, sei es, dass es ihr erstes Kind ist, sei es, dass es schon eines oder mehrere Geschwister hat. Sie wünschen sich für Ihr Kind eine gute Zukunft, dass es die in ihm grundgelegten Anlagen entfalten und einen guten Weg gehen kann. Es wird das Licht der Welt erblicken in der Sekunde seiner Geburt, aber auch den Dunkelheiten dieses Daseins ausgesetzt sein, es wird auch oft weinen müssen auf den Straßen des Lebens. In dieser Stunde beten wir darum, dass der Herr Sie vor Angst und Sorge bewahre, Sie immer wieder neue Zuversicht finden lasse. Jedes Kind ist Ausdruck der Hoffnung, dass Gott die Welt noch nicht aufgegeben hat, dass er immer wieder zu einem Neubeginn bereit ist, dem Sie zum Leben verhelfen dürfen.

»Fürchte dich nicht ... Ich habe dich beim Namen gerufen«

Alles, was Sie in dieser Stunde bewegt, dürfen wir getrost vor Gott bringen, alle Fragen, die Sie sich stellen in den Wochen und Monaten der Schwangerschaft: »Wird unser Kind gesund sein?«, »Werde ich als Mutter die Strapazen der Schwangerschaft gut ertragen?«, »Wie wird die Geburt dieses Kindes verlaufen und werde ich meiner Aufgabe als Vater und als Mutter gerecht werden können?«

In all diese Fragen hinein ist uns die Zusage Gottes geschenkt, wie sie aus der Jesaja-Lesung deutlich geworden ist: »Fürchte dich nicht, denn ich habe dich ausgelöst, ich habe dich bei deinem Namen gerufen, du gehörst mir ... Ich, der Herr, bin dein Gott; ich, der Heilige Israels, bin dein Retter« (Jes 43,1.3).

Gott gibt seine Liebe weiter durch die Mütter

Eine große Aufgabe wartet auf Sie. Was diese beinhaltet, hat ein geistlicher Lehrer einmal so zum Ausdruck gebracht: »Es gibt im Deutschen ein Sprichwort im Volk, das ist natürlich etwas überspitzt und lautet so: ›Weil Gott nicht überall sein kann, deswegen hat er Mütter geschaffen.‹ Sie wissen, was damit gesagt sein soll. Es ist eben eine Eigenart Gottes: Gott will durch Zweitursachen wirken. Gott will nicht nur unmittelbar dem Kind Liebe schenken. Er möchte die Liebe auch durch die Eltern schenken.«

Als Gesegnete selbst zum Segen werden

Sie werden nachher einzeln gesegnet für Ihren Weg, für den Rest der Zeit Ihrer Schwangerschaft, für die Stunde der Geburt, die Zeit mit Ihrem Kind. Werden Sie dann auch selbst zum Segen für das neue Leben, segnen Sie als Eltern Ihre Kinder, vertrauen Sie Ihre Kinder dem guten Gott an, der unser Vater ist. Dadurch werden Sie für das Lebenshaus der Kinder ein Fundament legen, das den Stürmen des Lebens standhalten kann. Der Segen öffne Ihnen den Blick für das, was im Leben wirklich reich macht. Wenn ich gesegnet werde, heißt das: Ich will mein Leben neu auf Gott ausrichten, mit ihm gehen, alles ihm anvertrauen; ich will in Glaube, Hoffnung und Liebe wieder neu wachsen. Das wünsche ich Ihnen, Ihren Kindern, Ihren Angehörigen und uns allen.

Dagobert Vonderau

Du wirst den Herrn, deinen Gott, finden
Segensfeier mit einem Paar, das sich trennt

Einleitende Überlegungen

Geschiedene Ehen sind eine Tatsache – auch unter Christen und im Raum der Kirche. Handlungsbedarf ist angezeigt. Der pastorale Dienst darf sich nicht mehr nur gleichsam privat am Tresen zwischen dem Pfarrer und den Betroffenen abspielen. Öffentlich muss in der Kirche darüber gesprochen und gehandelt werden, selbst wenn uns »die Felle davonschwimmen«, wie manche Verantwortliche befürchten.

Der Entwurf eines Gottesdienstes für ein Paar, das sich trennt, ist der Versuch einer Annäherung an die Situation der Betroffenen. Er stellt nicht die Verbindlichkeit des Ja-Wortes in der Ehe in Frage. Er will aber die Menschen »nicht im Regen stehen lassen«, die keinen anderen Ausweg in ihrer Partnerschaft gesehen haben. Das Schlüsselwort allen kirchlichen Tuns heißt Barmherzigkeit. Natürlich kann damit Schindluder getrieben werden.

Eröffnungsgebet

Gott,

in einer entscheidungsvollen und schweren Stunde unseres Lebens stehen wir heute vor dir. Wir sind einander fremd geworden. Wir wollen auseinandergehen.

Was so hoffnungsvoll begonnen hat, hat sich ins Gegenteil gekehrt. Wir haben keinen gemeinsamen tragenden Grund mehr. Wir verwunden uns. Wir reden nicht mehr. Der Rest ist Schweigen. Unsere Liebe ist tot.

Du hast Frau und Mann füreinander bestimmt und willst, dass sie ein Leben lang verbunden bleiben. Diesem Anspruch haben wir nicht genügt. Das ist unsere Schuld, die wir vor dir und voreinander bekennen. Du weißt, wir machen es uns nicht leicht.

Du, Gott, bist ein vergebender Vater. Du entziehst uns deine Liebe nicht. Du bleibst uns treu, obwohl wir deine Treue in unserer Ehe nicht durchgetragen haben.

Darum stehen wir heute vor dir und bitten dich um deinen Segen auf den Lebenswegen, die wir nun getrennt gehen. Führe einen jeden von uns weiter.

Schrifttext

Dtn 4,29b–31   Du wirst den Herrn, deinen Gott, finden

Ansprache

Das Eigentliche müssen Sie sich selbst sagen. Die Worte Dritter können nur deuten, ermutigen und trösten. Sie beide verstehen, vermag nur Gott. Er ist Adressat und Mitte dieses kleinen Segensgottesdienstes.

»Du wirst den Herrn, deinen Gott, finden«, sagt die Lesung. Diese Worte des Mose sind an das Volk Israel gerichtet, das auf dem Weg in das von Gott versprochene Land am Jordan ist. Noch ist das Ziel nicht erreicht.

Sie beide gehen einer Zukunft entgegen, die noch ganz offen ist – ohne jegliche Kontur. Ihre Wege gehen getrennt. Allein Ihrer Kinder wegen bleiben Sie miteinander in Kontakt. Aber Freundschaft ist nicht Liebe, auch dann nicht, wenn die Verantwortung für die Kinder bleibt. Sie gehen versöhnt auseinander und vielleicht auch ein bisschen dankbar, weil das Grundgesetz des Lebens – ob gelungen oder nicht – immer ein Geben und Nehmen ist.

Sie wünschen einander die Zufriedenheit und Gelassenheit des Herzens. Nur so können Sie die letzten Worte der Lesung einander ehrlich zusprechen:

»Gott lässt dich nicht fallen und gibt dich nicht dem Verderben preis und vergisst nicht den Bund mit deinen Vätern, den er ihnen beschworen hat.«

Eine lange Geschichte verbindet uns mit Gott. Sie ermutigt zum täglichen Aufbruch. Sie weiß, dass Gottes Wort mich findet – in welcher Situation ich mich auch immer befinde. Erst in »späteren Tagen« geht uns auf, dass Gott in meiner Nähe war – und ich merkte es nicht.

So könnte das ja auch mit der Liebe zweier Menschen sein …

Segnung

> Die ersten beiden Segenswünsche werden zweimal gesprochen; zunächst beide für den einen Partner, dann beide für den anderen Partner.

N. N., Gott begleite dich auf deinen Wegen. Er schenke dir die Gabe, wo immer du gehst, Leben und Sinn zu entdecken.

N. N., Gott schenke dir die Gabe, wahrzunehmen, was um dich herum geschieht. Er erhalte in dir die Bescheidenheit und die Kraft, unverwandt nach vorne zu blicken.

Ihr Kinder, steht zu Vater und Mutter, auch wenn sie nicht mehr mit euch zusammenleben. Gott sei euch nahe, wo immer ihr seid.

Das gewähre euch der gütige und treue Gott, der Vater, der Sohn und der Heilige Geist.

Fürbitten

In jeder Lebenslage dürfen wir zu Gott kommen. Auch dann, wenn das gemeinsame Leben gescheitert und die Trennung der einzige Ausweg ist:
- Für dieses Paar, das nach reiflicher Überlegung sich wieder trennt: Schenke N. N. und N. N. dein Erbarmen und lass beide deine Treue erfahren.
- Für die Kinder, die N. N. und N. N. anvertraut sind: Erhalte in ihnen das Vertrauen zu Vater und Mutter, die nun getrennt leben.
- Für die Eltern, Großeltern und Freunde, die bislang im Haus der beiden ein- und ausgegangen sind: dass sie weiterhin mit N. N. und N. N. und mit den heranwachsenden Kindern verbunden bleiben.
- Für alle Menschen, die voneinander enttäuscht sind und sich wieder getrennt haben: Bewahre sie vor dem Tod in der Liebe und gib ihnen den Mut zu einem neuen Lebensentwurf.

Gott, vor dir allein liegt alles Leben der Menschen offen. Du allein siehst in die Herzen der Menschen und kennst den Hintergrund ihres Verhaltens und Handelns. Dir vertrauen wir uns heute und immer an durch Christus, deinen Sohn und unseren Bruder.

Liedvorschlag

Mögest du begleitet sein

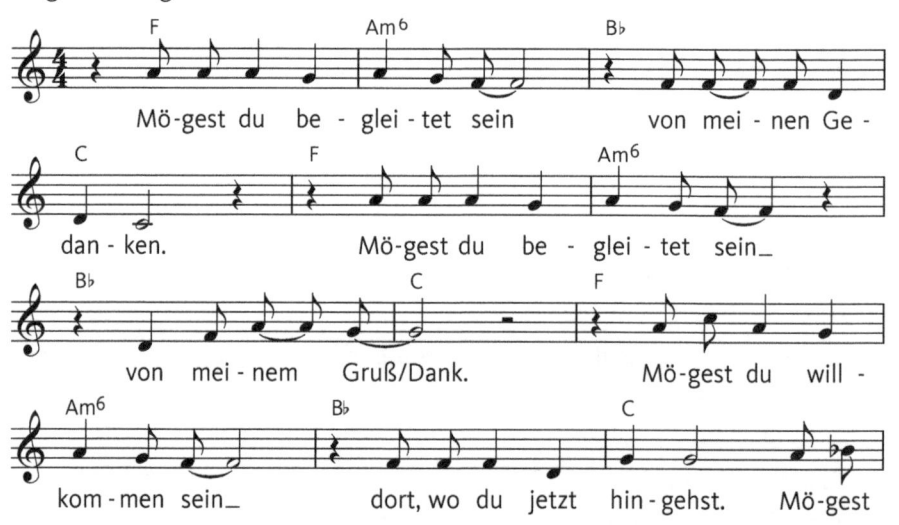

du will-kom-men sein an dei-nem neu-en Ort. Ge-seg-net sollst du gehn, ge-seg-net an-kom-men von dei-nem und mei-nem Gott.

T: CHRISTIANE BUNDSCHUH-SCHRAMM, M: MICHAEL SCHRAMM

Nachwort

Trennung hinterlässt Fragen. Die Erinnerung geht einen langen Weg zurück und sucht den Ort und fragt nach den Gründen. Viel bleibt offen und ungereimt. Ich möchte Ihnen diese Verse auf den Weg geben:

entzwei gepaart

den gleichen weg, der
sie entzweite:
sie gingen ihn zusammen
nicht wissend, daß
sich der weg an jener
stelle zweigte
wo sie ihn nahmen.
so gingen sie
die ganze strecke
heiter –
zurück an jenes ende
an dem der weg sie
von sich wies.
KONRAD KLOTZ

Heribert Feifel

Halte du, Gott, den weiten Raum
Segensgebet für ein Paar in der Krise

· · · · · · · · · · · · ·

Vorbemerkung

Das Gebet wird von einer dritten Person für das Paar gesprochen. Ich nenne die Vornamen der beiden und weise sie vor dem Gebet darauf hin. Ein persönlicher Zuspruch ist so besser möglich. Die Sequenz in der Mitte – siehe Aufzählungszeichen – bietet Anregungen zur Auswahl oder Ergänzung. Ein ruhiger Ort wird ebenso wie ein unaufgeregtes Tempo zu einer vertrauensvollen Atmosphäre beitragen können. Wem das Gebet zu starr rhythmisch gegliedert ist, kann der eigenen inneren Stimme folgen.

Gebet

Halte du, Gott, den weiten Raum
offen
und fest
für N. N. und N. N.

Halte du, Gott, den weiten Raum
offen
und fest,
wenn der Alltag zerfasert
und Schlafen und Wachen durcheinander geraten,
wenn sich Sehnsucht und Verzweiflung mischen
und Wut und Angst miteinander ringen.

Halte du, Gott, den weiten Raum
offen
und fest,
dass N. N. und N. N. nicht zerrissen werden
von den vielen Stimmen in ihnen
und den Erwartungen der anderen;
dass sie spüren,
wie du sie hältst

und mit ihnen
jeden Schritt aushältst.

Halte du, Gott, den weiten Raum
offen
und fest
für N. N. und N. N.
- auch wenn ein gemeinsamer zukünftiger Weg unsicher ist
- auch wenn Kränkungen ein Nahesein zu verhindern drohen
- auch wenn guter Wille nicht über die Heftigkeit von Verletzungen zu siegen vermag
- auch wenn uneingelöste Sehnsüchte sich Bahn brechen und kein Einhalten mehr möglich scheint.

Halte du, Gott, den weiten Raum
offen
und fest,
schenke in Christus Entlastung und Befreiung
und lass zärtlich und klärend deinen Geist über N. N. und N. N. wehen.

So seid in jedem Schritt, den ihr tut,
geborgene und gesegnete Kinder Gottes.

Kathrin Buchhorn-Maurer

Gebete und Impulse

Weil noch viele Jahre vor euch liegen
Segensgebet zum Hochzeitsjubiläum

Weil ihr euch immer noch gut versteht,
über den Witz des andern lachen könnt
und euch gerne leiden mögt,
segne Gott eure Ehe.

Weil ihr euch gegenseitig unterstützt,
jeder seine Träume verwirklichen darf
und dabei der anderen gefällt,
segne Gott eure Beziehung.

Weil ihr stolze Eltern seid,
in der Erziehung zusammenarbeitet
und die Kinder bald flügge sind,
segne Gott eure Familie.

Weil noch viele Jahre vor euch liegen,
Höhen und Tiefen zu bestehen sind
und Vertrauen dabei nicht fehlen darf,
segne Gott eure Ehe,

im Namen des Vaters
und des Sohnes
und des Heiligen Geistes.

Christiane Bundschuh-Schramm

Nähe und Distanz
Manchmal,
so scheint es mir,
müssen wir uns
gegenseitig weh tun,
um wieder Abstand
zueinander zu gewinnen.

Lass uns aber nicht
den richtigen Zeitpunkt
versäumen,
wieder neu
aufeinander zuzugehen,
um einander wieder
zu berühren.

Wenn wir uns im
Spiel der Zärtlichkeit
verlieren,
können wir uns vielleicht
wieder finden.

Christa Spilling-Nöker

Mann und Frau,
ein Paar und zwei Einzelne,
vertraut und auch immer wieder fremd,
eine Gabe und eine Aufgabe füreinander.

Ihr seid ein Zeichen,
ein Hinweis auf Größeres,
ein Abbild Gottes.

Gott ist der Ursprung eurer Liebe,
Gott ist euer treuer Begleiter,
Gott vollendet eure Liebe.

Gott sei immer mit euch im Bunde.

Mechthild Alber

Mitten in eurem Alltag,
geprägt von Routine und Pflichten,
soll immer wieder
die Gewissheit zu spüren sein,
dass eure Partnerschaft trägt
und euer Leben bereichert.

Im Rückblick auf eure gemeinsame Geschichte
mögen die glücklichen Erinnerungen überwiegen
und euch Kraft und Mut
für die Herausforderungen der Zukunft schenken.
Dabei helfe euch Gott,
der eure Liebe mit seinem Segen begleitet.

Johanna Rosner-Mezler

Seid einander in Liebe verbunden

Gottesdienste und Feiern rund um die Partnerschaft

Zum Valentinstag

Jedem Anfang wohnt eine Kraft inne
Segensfeier für Verliebte

· · · · · · · · · · · · · ·

Vorüberlegungen
Mit den Segensfeiern zum Valentinstag holt sich die Kirche ihren eigenen Heiligen aus der Gesellschaft zurück. Ein gesellschaftliches Ritual – schenke deiner Geliebten Blumen – wird christlich gedeutet und mit Sinnstiftung versehen. Noch mehr: Die Kirche trägt der Tatsache Rechnung, dass partnerschaftliche Beziehungen vielfältig geworden sind. Bei einer Segensfeier für Verliebte – egal ob an Valentin oder zu einem anderen Zeitpunkt gefeiert – können sich alle Paare angesprochen fühlen: kirchlich Verheiratete, nicht kirchlich Verheiratete, Unverheiratete, gleichgeschlechtliche Paare.
Eine Segensfeier für Verliebte sagt nichts über die kirchliche Anerkennung dieser Paarbeziehungen als Rechtsform aus, sondern sie spricht real existierenden Paaren den Segen zu, dass ihr Zusammenleben gelingen möge. Freilich liegt darin eine Anerkennung der normativen Kraft des Faktischen.
Eine Segensfeier für Verliebte beinhaltet auch, dass das einmal erteilte Sakrament der Ehe nicht ausreicht, um eine Partnerschaft über Jahrzehnte hinweg bestehen zu können. Paare sollen sich immer wieder den Segen Gottes in der Kirche zusprechen lassen können, um neu gestärkt in den zweisamen Alltag zurückkehren zu können.
Und noch etwas: Gerade junge Paare lassen sich heute lange Zeit, bis sie sich vor dem Standesamt oder in der Kirche das Jawort geben. Sozusagen für die Zwischenzeit, bis zur Trauung, kann die Segensfeier für Verliebte ein Angebot sein, ihre Liebe zu feiern und doch noch nicht sakramental verbindlich machen zu müssen.
Liegen da nicht auch Risiken – Ausdünnung des Ehesakraments, Sanktionierung bestimmter, kirchlich möglicherweise ungewollter Beziehungen, »Absegnung« unreifer Partnerschaften? Meine Antwort: Ja. Aber ohne Risiko kann sich kein Gott auf die Welt einlassen, das weiß er selbst – spätestens seit Jesus von Nazaret.

Liedvorschläge

GL 909 »Wo die Güte und die Liebe wohnt« (Eigenteil der Diözesen Freiburg und Rottenburg-Stuttgart)

GL 623 »Worauf sollen wir hören«

EH 74 »Du bist da, wo Menschen leben«

Gebet

Liebender Gott,
hast du die Liebe erfunden?
Hast du uns mit ihrem Zauber berührt?
Bist du selbst die Liebe,
die das Leben sucht und lohnt?
Liebender Gott,
lass uns die Liebe spüren.
Egal wie jung oder alt unsere Beziehung ist,
lass die Liebe hier und da aufleuchten
und tief in uns verwurzelt sein.
So sei es.

Schrifttext

Gen 29,1–12   Jakob lernt Rahel kennen

Deutende Worte

Erinnern Sie sich bitte an die Situation, als Sie sich zum ersten Mal sahen und kennenlernten. Haben Sie ein Bild, das Sie nur herholen müssen? Liegt die erste Begegnung so lange zurück, dass sie verschwommen ist oder Sie nicht genau wissen, welches die erste war?

So oder so, lassen Sie ein inneres Bild in sich aufsteigen und betrachten Sie mit Ihren inneren Augen kurz diese Situation.

Lassen Sie das Bild wieder los und ich gebe Ihnen noch eine Erinnerungsaufgabe: Wissen Sie noch den Moment, als Sie sich zum ersten Mal küssten oder umarmten – also die Szene, mit der alles begann?

Dann schauen Sie auch diese Erinnerung genau an. Wenn Sie wollen, schließen Sie die Augen und betrachten dieses Schlüsselerlebnis.

Jetzt bitte ich Sie, Ihre inneren Bilder wieder loszulassen, die Augen wieder zu öffnen und hierher zurückzukommen.

Was fühlen Sie?

Stille Freude über diese Anfänge? Werden die Gefühle wach, die Sie damals hatten: Verliebtsein, Freude, Spannung, Herzklopfen, Unsicherheit?

Ist jetzt auch Schmerz in Ihnen? Schmerz, weil sich die Anfänge nicht festhalten lassen? Weil seit dem Anfang vieles, auch Schmerzvolles und Unerfreuliches, geschehen ist?

Kann die Erinnerung an den Anfang trotzdem bewusst machen, dass sich die anfängliche Liebe zwar sehr gewandelt hat, aber in gewandelter Form noch da ist, vielleicht sogar gewachsen, tiefer geworden ist?

Die biblische Geschichte von Jakob und Rahel ist auch eine Anfangsgeschichte ihrer Liebe. Als die Familiengeschichte von Jakob und Rahel, ihren Vorfahren und Nachfahren aufgeschrieben wurde, hat man diese Anfangsgeschichte ebenfalls festgehalten. Die Schreibenden wollten sich an den Anfang erinnern. Vielleicht wollten sie die Lesenden an ihre eigenen Anfangsgeschichten erinnern. »Jedem Anfang wohnt ein Zauber inne«, sagt Hermann Hesse. Jedem Anfang wohnt eine Kraft inne, die man erinnern und lebendig werden lassen kann, um das Heute mit neuem Mut und neuer Energie zu leben.

Symbolhandlung

Wir bitten Sie, dass der links sitzende Partner seine rechte Hand öffnet, wie es unser Paar hier im Chorraum vormacht. Der rechts sitzende Partner legt die linke Hand in die geöffnete empfangende Hand.

Ich gebe dir
Zeit
Aufmerksamkeit
Anerkennung
Wertschätzung
Kritik
und Liebe

Ich brauche von dir
Verständnis
Zuwendung
Interesse
Kritik

Humor
und Liebe
> Stille oder Instrumentalmusik

Jetzt lösen Sie bitte diese Verbindung der Hände und machen es umgekehrt. Der rechte Partner öffnet die linke Hand, der links sitzende Partner legt die rechte Hand hinein.
> Wiederholung des Textes:

Ich gebe dir …
> Stille oder Instrumentalmusik

Lösen Sie bitte wieder diese spezielle Handhaltung und fassen Sie sich einfach an den Händen oder an den Schultern und empfangen Sie den Segen Gottes.

Segen
> Leiter/in breitet die Hände aus.

Liebender Gott,
segne diese Paare.

Segne ihre Erinnerung und
segne ihre Liebe.

Segne ihre Gegenwart und
segne ihren Weg in die Zukunft.

Das gewähre euch der treue Gott,
der Vater, der Sohn und der Heilige Geist.

Christiane Bundschuh-Schramm

Weil Liebe uns beflügelt
Meditative Segensfeier

· · · · · · · · · · · · ·

Vorbemerkung
Der heilige Valentin wurde von der katholischen Kirche Deutschlands nicht auffällig verehrt. Von außen, quasi »durch die Blume«, kam der Anreiz zum Weiterdenken. Die freundliche Geste des Blumen-Verschenkens bietet eine Möglichkeit, sich als Paar einander auch rituell zu offenbaren.
Im Valentinsgottesdienst verkörpert sich der Wunsch, auch Menschen außerhalb der Kirche, Menschen in postsäkularer Kultur, die Ritualtradition des Christentums anzubieten. Schwellenerfahrungen beunruhigen und sind zugleich faszinierend. Rituale bieten hier eine Sprache, die die verwirrende Sprachlosigkeit in Erfahrungen der Liebe überwindet.
Ob konfessionell gebunden oder nicht: Menschen beschwören ihre Liebe, sie wollen einander Gutes tun und Gutes sagen, füreinander sorgen. Sie möchten ihre Liebe »vor der Macht des Bösen« bewahren, sie unter einen »guten Stern« stellen. Menschen werden wieder sensibler für rituelle Handlungen, sie sind verstärkt bereit, sich »unter den Schutz einer guten Macht« zu stellen, sich anzulehnen. Hier knüpft die meditative Segensfeier an. Wir möchten das Unsere dazu tun und in der Kirche einen Raum für verliebte und liebende Paare öffnen, damit spürbar werden kann, dass Gottes Segen die Liebenden in ihrer Liebes- und Lebensgeschichte begleitet.

Musik zur Einstimmung
»Still haven't found« von U2. Der Sänger sucht die Liebe seines Lebens und erzählt, wo er schon überall gesucht hat und dass er alles tun und keine Möglichkeit auslassen wird, nach ihr zu suchen. Er will sie finden.

Begrüßung
»Ich bin dein, du bist mein, des sollst du gewiss sein.«
Sie haben sich einladen lassen zu einer »meditativen Feierzeit für Liebende und Verliebte«. Die Liebe feiern, weil Liebe uns beflügelt. Herzlich heiße ich Sie willkommen! Liebe ist das Geheimnis unseres Lebens. Wir dürfen uns einander und des Geheimnisses unseres menschlichen Daseins gewiss werden.

Hinführung

Wie lange Sie auch zusammen sind, zwei Wochen, zwei Monate, zwei, zehn, zwanzig oder 50 Jahre: Uns sind Sie heute alle herzlich willkommen. Wir möchten heute das Unsere dazu tun, dass Sie eine Stunde der Ermutigung, des Trostes, des Segens erleben.

Warum gerade heute? Anlass ist für uns der Valentinstag. Der Valentinstag gilt als Tag der Liebenden, an dem sie sich gegenseitig beschenken. Das ist doch ein optimaler Tag, sich an das gemeinsame Partnerschaftsversprechen zu erinnern und es zu erneuern.

Valentin ist ein christlicher Heiliger. Er lebte der Legende nach im zweiten/dritten Jahrhundert im damaligen römischen Reich als Bischof von Terni, einer Stadt in Mittelitalien. Zu seiner Zeit durften viele Menschen nicht so heiraten, wie sie wollten – weil sie als Sklaven oder Soldaten nicht heiraten durften oder weil die Eltern mit ihrer Partnerwahl nicht einverstanden waren. Valentin hatte ein Herz für Liebende und hat sich darum gekümmert, dass sie heimlich heiraten konnten. Seinen Namenstag feiern wir jährlich am 14. Februar.

Wahrnehmungsübung

Ich lade Sie jetzt ein, sich einander zuzuwenden, um sich in die Augen, ins Gesicht zu schauen. Gönnen Sie sich diesen Augen-Blick. Schauen Sie sich an.
- Vielleicht gehen Ihnen dabei Gedanken durch den Sinn: Wann haben Sie sich das erste Mal gesehen? Wann haben Sie einander das erste Mal tief in die Augen geschaut? Können Sie in den Augen Ihres Partners, Ihrer Partnerin lesen wie in einem Buch?

Schenken Sie sich die Zeit für Ihre Augen-Blicke: Einander ansehen heißt sich Ansehen schenken, Ansehen erlangen, wertvoll und wichtig füreinander sein.
- Nachdem Sie sich liebevoll angeschaut haben, reichen Sie sich die Hände und öffnen Mund, Ohren und Herz füreinander. Im Alltag gibt es viele Selbstverständlichkeiten, die der Partner für uns tut, Gesten, die manchmal schon zur Routine geworden sind und kaum noch wahrgenommen werden. Einander Wertschätzung geben kommt in unserem Leben viel zu kurz, dabei sehnen wir uns oft danach. Wir möchten Sie ermutigen, sich jetzt an etwas zu erinnern, was Ihnen in den letzten Tagen von Ihrem Partner, von Ihrer Partnerin gut getan hat. Sagen Sie es mit lieben Worten und auch, was es Ihnen bedeutet. »Ich mag an dir …« Oder: »Mir hat heute besonders gut getan …«

Instrumentalmusik

Schrifttext

1 Kor 13   Das Hohelied der Liebe

Nach Paulus in seinem Brief an die Gemeinde in Korinth:
Die höchste Gabe Gottes ist die Liebe. Ohne Liebe sind unser Reden und Tun ohne Sinn. Alle unsere Klugheit ist nichts, wenn wir nicht lieben.
Wenn einer liebt, kommt es nicht darauf an, viele Worte zu machen. Er muss nicht gelehrt sein und nicht alle Erkenntnisse haben.
Wer liebt, hat Geduld, Geduld mit den Eigenarten des anderen, und er bleibt freundlich angesichts seiner Fehler.
Wer liebt, ist nicht neidisch, er freut sich über die Erfolge des anderen. Liebende sagen nie: »Schau doch, wer ich bin!« Liebende sagen: »Danke, dass deine Liebe mir hilft, mich selbst zu lieben.«
Wer liebt, lässt sich nicht erbittern und ist nicht nachtragend. Er schaut zuerst auf den Balken im eigenen Auge. Er mauert sein Herz nicht ein.
Liebende geben nicht auf, sie kämpfen um ihre Liebe und geben sich immer wieder eine Chance. Sie wissen um ihre Unvollkommenheit und gestehen sie sich gegenseitig zu.
Liebende glauben aneinander und bewahren die Hoffnung. Aber das größte Geschenk füreinander ist die Liebe.

TEXTBEARBEITUNG: FRAU UND HERR SCHWENGFELDER

Anrufung des Heiligen Geistes

Die Liebe beflügelt. Aber wir Menschen haben es nicht immer leicht mit ihr. Der Alltag ermüdet, Verletzungen machen stumm, Unheil trennt. In der christlichen Tradition hat sich deswegen ein Ritus entwickelt, in dem die Lebenskraft Gottes, die Lebenskraft der Liebe angerufen wird. Wir rufen den Heiligen Geist an, damit die Liebe wieder eine Chance hat, damit das, was erstarrt ist, ins Fließen kommt. Und das, was fast erloschen war, neu entflammt.

Lied

GL 248 »Nun bitten wir den Heiligen Geist«

Einladung zum Segen

Ich lade Sie ein, Ihre Beziehung unter das Zeichen der Liebe, unter einen »guten Stern« zu stellen und sich gegenseitig zu segnen. Lassen Sie sich dabei Zeit. Nehmen Sie den Segen Ihres Partners/Ihrer Partnerin wahr. Spüren Sie ihm nach. Anschließend tauschen Sie Ihre Rollen.
Stehen Sie dazu auf. Mit Ihrer rechten Hand zeichnen Sie auf die Stirn Ihres Partners einen Stern und sagen ihm: »Möge unsere Liebe unter einem guten Stern stehen, möge sie uns beflügeln. Sei gesegnet, mein Geliebter/meine Geliebte.«

> Für die Paare ist es hilfreich, wenn die Segensformel gegebenenfalls auf dem Liedblatt steht.
> Zum gegenseitigen Segen der Paare wird »Michelle« von den Beatles eingespielt.

Gemeinsamer Segen

> Alle Beteiligten der Vorbereitungsrunde sprechen gemeinsam den Segen. Dazu erheben sie die Hände zum Segen und bilden so eine Kette.

Gott segne dich und behüte dich. Gott lasse sein Angesicht über dich leuchten und sei dir gnädig. Gott wende ihr Angesicht dir zu und schenke dir Heil.

Maria Faber/Hildegund Keul

Wo Güte und Liebe ist, da ist Gott
Segensgottesdienst

· · · · · · · · · · · · ·

Chor
»Siahamba«

Liturgische Begrüßung
Sie haben sich einladen lassen zu einem Segensgottesdienst für Liebende und Verliebte. Seien Sie herzlich willkommen! Wir beginnen und feiern diesen Gottesdienst im Namen des Vaters und des Sohnes und des Heiligen Geistes.

Gebet
Treuer und guter Gott,
dein Wesen die Liebe; du bist Liebe. Du hast uns Menschen damit beschenkt, dass wir Liebe empfinden, Liebe verschenken, Liebe annehmen können. Dafür danken wir dir. Erhalte und erneuere die Liebe aller, die heute hierhergekommen sind in Dankbarkeit für die Liebe, die sie empfangen haben und die sie verschenken konnten, die sie miteinander verbindet. Bestärke die Liebenden in ihrem »Ja« zueinander, damit sie sich in dir und ihrer gegenseitigen Liebe immer neu von Herz zu Herz begegnen können. Das erbitten wir durch Jesus Christus, deinen Sohn, unseren Herrn und Gott, der in der Einheit des Heiligen Geistes mit dir lebt und wirkt in alle Ewigkeit.

Schrifttext
Hld 3,1–4c   Das Hohelied der Liebe
   Die Lesung wird von Sprecher/in 1 vorgetragen.

Chor
»This little light of mine«

Meditation
   Als Meditationsbild dient das Labyrinth aus der Kathedrale von Chartres von Sieger Köder
   (»Labyrinth und Rose«), zur Ansicht auf beiliegender CD. Das Motiv ist unter der Bestellnr.

335D erhältlich beim Kunstverlag Ver Sacrum, 73760 Ostfildern, oder unter www.versacrum.de.

Sprecher/in 2: Ein Fenster, genannt »Rosette«. Ein Kreis. Ein Weg. So sehen wir es in der Kathedrale von Chartres in Frankreich. Jemand hat einen Strauß roter Rosen hineingestellt. Die Kathedrale von Chartres ist weltberühmt wegen ihres Labyrinths; wegen *dieses* Labyrinths.

Ein Labyrinth ist kein Irrgarten. Das ist es nie gewesen. Im Labyrinth gibt es keine Sackgassen. »Erfunden« wurde das Labyrinth vor vielen hundert Jahren in Kreta. In seinem heidnischen Ursprung ist es ein Durchgang; der Mensch findet in großen Umwegen zur Mitte und von dort aus dem Labyrinth wieder hinaus. Der alte Mensch wird in der Begegnung mit dem Göttlichen zuerst vernichtet und geht dann neu geschaffen hinaus in das neue Leben.

Die christliche Neuanlage und Neudeutung heißt: Der Wandernde gelangt auf vielen Umwegen zur Mitte – und dort verbleibt er. Christlich inspiriert ist auch die Kreisform. Seit dem 9. Jarhundert hat das Labyrinth elf Umgänge. Sie erhalten eine deutliche Struktur durch die Kreuzform. So erfährt der Wanderer durch das Labyrinth die Freude, nahe bei der Mitte zu verweilen und die Angst, an den äußersten Rand gedrängt zu sein. Ferne kann schuldhaft verursacht sein und Nähe gnädig gewährt. Aber in jedem Fall ist das Labyrinth ein Hoffnungsbild. Es sagt, dass es keine toten, sinnlosen Zeiten im Leben gibt. Wer am Rande steht, wird von einem sinngebenden, rettenden Zentrum angezogen und getragen. Wer geht, findet zur Mitte. Auch wer in Schuld, Ängsten und Hoffnungslosigkeit geht, findet zu Mitte. Erst recht findet zur Mitte, wer mit gutem Gewissen, in Freude und Zuversicht geht.

Kurze Stille

Sprecher/in 2: Ein paar große Schritte würden genügen, um vom Rand in die Mitte des Labyrinths zu gelangen; gerade einmal 6 Meter beträgt der Radius. Aber wer den Sinn des Ganzen erfasst und der Einladung folgt, wird einige Zeit unterwegs sein; auf 294 Meter summiert sich der Weg.

Da die großen gotischen Kathedralen geostet sind, betritt der Wanderer notwendigerweise vom Westen her das Labyrinth. Der Westen – die Richtung des Sonnenuntergangs, damit der Vergänglichkeit, des Todes. Wer im Westen aufbricht und nach Osten geht, läuft zunächst der Sonne, dem Licht, dem Leben entgegen – und sei sein Weg auch noch so verschlungen.

Kurze Stille

Sprecher/in 3: Was hat dieses Labyrinth mit der Liebe zu tun?
Es erzählt davon, dass es viel Aufmerksamkeit es braucht, um nicht vom Weg abzukommen.
Es erzählt davon, dass manches immer wieder geübt werden muss, bis es beherrscht wird.
Es erzählt davon, dass viele Gespräche nötig sind zum gegenseitigen Verstehen.
Es erzählt davon, dass das Ziel zum Greifen nah erscheint und sich Rückschläge einstellen.
Es erzählt davon, dass alle Richtungsänderungen eine Entscheidung nicht in Frage stellen.
Es erzählt von den vielen, vielen kleinen Schritten.
Es erzählt von den vielen, vielen kleinen Schritten – zwischen Rand und Mitte.
Es erzählt von den vielen, vielen kleinen Schritten - immer auf die Mitte zu.

Musik

Sprecher/in 4: Liebe ist ein Weg. Liebe ist ein Weg aufeinander zu. Da brechen zwei Menschen auf, zueinander hin. Augen begegnen einander, Hände berühren sich. Zartheit erwacht, die Zartheit der Nähe. Langsam wächst etwas wie Vertrautheit mit dem andern, mit seinen Gedanken, seinen Empfindungen, seiner Seele und seinem Leib. Diese Liebe kann niemand »machen«; sie erwacht. Die Bibel weiß um dieses Geheimnis: »Weckt die Liebe nicht, bis es ihr selbst gefällt.« So öffnen sich zwei Menschen, zwei Liebende füreinander. Und sie wissen: Wenn sie einander finden wollen, *müssen* sie sich auf ihr eigenes Herz verlassen. Wenn sie einander finden wollen, *dürfen* sie sich auf ihr eigenes Herz verlassen. Ja, es ist ein Wagnis! Daran erinnert der Rosenstrauß: Eine Knospe öffnet sich zur Blüte. Welch ein Vertrauen! Aber das ist die Bedingung ihrer Fruchtbarkeit.

Die Liebenden wissen auch: Der Weg zueinander hin, aufeinander zu ist nicht mit dem Lineal gezogen. Sie empfinden füreinander große Nähe und erleiden schmerzenden Abstand. Sie fühlen sich als Einheit und reiben sich an ihren Grenzen. Sie sind das Ziel ihrer gegenseitigen Sehnsucht und kehren einander den Rücken. Denn Liebende sind unterwegs im Labyrinth des

Lebens und der Liebe. Und doch teilen sie die Überzeugung: Unsere Liebe ist stärker als alles, was sie hindern und aufhalten will.

Musik

Sprecher/in 5: Liebe ist ein Weg. Liebe ist ein Weg miteinander. Es gehen zwei Menschen, zwei Liebende nebeneinander – auf dem gemeinsamen Weg. Sich berührend oder mit ein wenig Abstand; manchmal ist der eine dem anderen ein Stück voraus. So nehmen es beide miteinander mit dem Begegnenden auf: Einer entdeckt die Schönheiten am Wegesrand. Einer räumt die Stolpersteine aus dem Weg. Einer behält das Wissen um die Mitte, um das Ziel. Nicht immer ist *einer* der Stärkere; das wechselt. So weiß jeder in seinem Herzen: Ich kann dankbar sein, dass der Mensch, den ich liebe, da ist; dass wir uns so nah sind; dass wir uns aufeinander verlassen können. Und deshalb legen sie einander immer wieder den Arm um die Schulter. Sie müssen nicht aussprechen, was sie wissen: Vieles wird undeutlich bleiben. Vieles wird sich nicht ändern lassen. Vieles wird sich nicht erfüllen. Aber nichts muss bedrohlich sein. Denn Liebende sind unterwegs im Labyrinth des Lebens und der Liebe. Und doch bewahren sie sich den Glauben und die Hoffnung: Der Rosenstrauß wird nicht verblühen.

Musik

Sprecher/in 4: Liebe ist ein Weg. Liebe ist ein Weg nach innen. Liebende werden glücklich, wenn sie mit aller Kraft die Wahrheit suchen. Wenn sie sich an der Wahrheit freuen, denn die Wahrheit ist gut. Wenn sie die Wahrheit aushalten, denn die Wahrheit ist manchmal schwer. Liebende spüren, wo sie mit sich in Einklang sind. Jeder im Einklang mit sich selbst. In jedem Menschen liegt die Antwort auf seine Fragen, die Lösung seiner Probleme, die Quelle seiner Freude. Hier Wahrheit zu suchen, ist die Voraussetzung, dass Liebende auch in Einklang miteinander sind. So hört einer die Stimme des anderen; die Stimme, die deutet und klärt, weil der liebende und geliebte Mensch es gut meint. Es ist dieselbe Stimme, die das Wort der Liebe und des Dankes flüstert. Und die verstummt, weil die Liebe so sehr das Schweigen braucht. So bewirkt Liebe zweierlei: Wandlung und Heilung. Die Liebe hat viele Namen, spricht viele Sprachen und trägt viele bunte Gewänder. Es ist nicht immer einfach, diesen Frieden im Innern zu finden. Denn Liebende sind unterwegs im Labyrinth des Lebens und der Liebe.

Und doch gehen sie im Vertrauen: Durch die Rosette wird genügend Licht fallen, um uns den Weg auszuleuchten.

Musik

Sprecher/in 5:   Liebe ist ein Weg. Als Matthias Claudius zusammen mit seiner Frau Rebekka älter wurde, widmete er ihr diese Zeilen: »*Gott hat dich mir gegeben. So segnet keine andre Hand.*« Welch große Dankbarkeit und Liebe sprechen aus diesen Worten! Der geliebte Mensch wird als Segen empfunden. Das mag damit zu tun haben, dass unsere Hände, wenn sie schützen und zärtlich bergen, Gleichnisse der Hände Gottes sind. Haltend. Bewahrend. Tröstend. Das ist wichtig zu wissen, denn wir wissen nicht, an welcher Stelle am Labyrinth wir uns befinden. Wir wissen nicht, wie viel Weg schon hinter uns und wie viel Weg noch vor uns liegt. Aber wir wissen, dass kein Stück des Weges vergeblich ist.

Eine schwarze Wand im Hintergrund. Die Zukunft gibt nichts oder zumindest nicht viel von ihrem Geheimnis preis. Aber ein Künstler hat sie durchbrochen. Warmes Abendlicht flutet durch die Rosette in die Kathedrale hinein. Das Licht kommt von außen, die Farben aber empfängt es von dem Glas. Gott gibt Leben, wir verleihen ihm die unverwechselbaren Farben. Jemand hat die gotischen Kathedralen »Stätten neuen Lichts« genannt. In diesem Sinn darf jeder Mensch eine »Kathedrale« sein.

Gott ist in der Mitte. Dort kommt der Mensch an nach seinem langen Weg; nach dem langen Hin und Her; nach der Freude, nahe bei der Mitte zu verweilen und der Angst, an den äußersten Rand gedrängt zu sein. Es ist ein Segen für ihn, wenn er diesen Weg gegangen ist als Liebender und Geliebter.

Gott ist in der Mitte. Dort heraus wachsen blutrote Rosen. Diese Rosen möchten helfen, den Weg zu verstehen. Denn die Rose erinnert den Menschen an sein Eigenstes. Wie oft schon hat eine Rose den Weg zum Du geebnet! Wie oft schon hat eine Rose auf dem gemeinsamen Weg bestärkt! Wie oft schon hat eine Rose eine zugeschlagene Tür wieder geöffnet!

Wir wissen um die Rosen. Wir wissen um die Verheißung der Rosette. Wir wissen um den Weg. Wir wissen um die Einladung der Mitte. Wer liebt, ist gesegnet. Wer liebt, ist ein Segen.

Musik

Sprecher/in 3:   Was hat dieses Labyrinth mit der Liebe zu tun?

Es erzählt von den vielen, vielen kleinen Schritten.

Es erzählt von den vielen, vielen kleinen Schritten – zwischen Rand und Mitte.

Es erzählt von den vielen, vielen kleinen Schritten – immer auf die Mitte zu.

Es erzählt von den vielen, vielen kleinen Schritten – immer auf die Mitte zu – im Duft der Rosen und im Licht der Rosette.

Chor
»Dona nobis pacem«

Fürbitten
Guter Gott, weil du die vollkommene Liebe bist, ist dir nichts unmöglich, denn die Liebe hält allem stand; sie ist sogar stärker als der Tod. Du freust dich an der Liebe der Liebenden und umfasst unser Leben und Empfinden mit deiner unvorstellbar großen Liebe. Zu dir beten wir voll Vertrauen:
Alle: GL 942 »Meine Hoffnung und meine Freude«

Sprecherin 1: Wir bitten für alle Paare, die frisch verliebt sind:
– dass sie über das Wunder ihrer Liebe immer neu staunen können;
– dass sie ihre Gemeinsamkeiten entdecken und sich darüber freuen, aber auch Unterschiede als Bereicherung wahrnehmen können;
– dass sie die Umarmung nicht zur Umklammerung werden lassen.
Alle: GL 942 »Meine Hoffnung und meine Freude«

Sprecher/in 2: Wir bitten für alle Paare, die schon eine Strecke des gemeinsamen Weges gegangen sind:
– dass sie, wenn das Zusammenleben zum Alltag geworden ist, nicht gleichgültig werden, sondern sich Zeit für einander nehmen, um ihre Gemeinschaft immer neu als kostbar zu erleben;
– dass sie glückliche Stunden leuchtend in Erinnerung behalten;
– dass sie zerbrochene Träume und enttäuschte Hoffnungen miteinander tragen können, ohne bitter zu werden;
– dass ihre Liebe immer neu beflügelt wird von der Erinnerung an Träume und Sehnsüchte, die am gemeinsamen Anfang standen.
Alle: GL 942 »Meine Hoffnung und meine Freude«

Sprecher/in 3: Wir bitten für alle Paare, deren Liebe zerbrochen ist und die es schwer miteinander haben:
- dass sie die Achtung voreinander nicht verlieren;
- dass sie das Schöne ihrer gemeinsamen Zeit bewahren;
- dass sie einander Fehler nicht nachtragen, sondern das Gute und Liebenswerte im anderen neu sehen lernen.

Alle: GL 942 »Meine Hoffnung und meine Freude«

Vaterunser

All unsere Bitten und Anliegen wollen wir einmünden lassen in das Gebet, das unser Herr und Bruder Jesus Christus uns zu beten gelehrt hat:
Vater unser im Himmel …

Segen

Alle Paare werden eingeladen, nach vorn zu kommen und sich persönlich segnen zu lassen. Der Segen ist eine Bitte an Gott um das Gelingen der Partnerschaft. Zwei Priester segnen die Paare mit gleichzeitiger Handauflegung und Kreuzzeichen. Dazu wird meditative Orgelmusik gespielt.

Gott, der barmherzige Vater, bewahre euch in seiner Liebe und der Friede Christi erfülle euch.
Gott segne euren Weg alle Tage eures Lebens.
Er schenke euch unermüdliche Hoffnung und immer die Kraft weiterzugehen.
Das gewähre euch der dreieinige Gott, der Vater und der Sohn und der Heilige Geist.

Michael Dittrich

Gottesdienst für mancherlei Liebende
»Offener Gottesdienst«

. . . .

Vorbemerkung
Ein offener Titel für einen offenen Gottesdienst. Die Leute von Blumen-, Pralinen- und sonstigen Industriezweigen haben es schon früh erkannt: Die Liebe und die Pflege derselben kommt häufig zu kurz. Da kommen die Angebote zu Valentinstag gerade richtig. Manche/r Hilflose ist einfach dankbar, ein paar Blumen oder andere Geschenkideen zu haben. Wir möchten diesen »Valentinsangeboten« etwas zur Seite stellen:

Zu diesem Gottesdienst sind »mancherlei Liebende« eingeladen, um gemeinsam dankbar zu sein, dass es ihn oder sie gibt.

Aber auch diejenigen sind eingeladen, die es gerade schwer miteinander haben, bei denen die Liebe momentan vielleicht nicht gerade lodert, sondern eher auf Sparflamme brennt, die sich von so einem Gottesdienst Stärkung und Bestärkung erhoffen.

Im Gottesdienst soll spürbar werden: Die Liebe ist gefährdet und zerbrechlich, genauso aber kostbar und wunderschön. Und die Liebe will/muss gepflegt werden. Ein Gottesdienst also als eine Form der Beziehungspflege – für mancherlei Liebende. Ein Einstieg in einen hoffentlich schönen, gemeinsamen Abend, unter dem Schutzmantel des heiligen Valentin. Ein Abend, der – vom Gottesdienst angefangen – der Liebe und der Beziehung gut tut.

Musikalische Einstimmung
Orgel und Saxophon, Kerzenlicht in der Kirche

Begrüßung und Einführung
Der heilige Valentin war ein ganz besonderer Heiliger – und ich freue mich, dass wir an seinem Namenstag diesen Gottesdienst miteinander feiern. Valentin gilt als Patron der Liebenden. Zahlreiche Legenden ranken sich um ihn: Er segnete die Ehe zwischen Sklaven und Freien, damals im römischen Imperium. Er segnete Liebende ohne Rücksicht auf gesetzliche Vorschriften und auf gesellschaftliche Ansichten. Die Liebe war für ihn das Entscheidende und dieser Liebe versprach er Gottes Beistand und Gottes Segen.

Einer anderen Legende zufolge motivierte er Seeleute, im Sturm vertrauensvoll und fest zusammenzuhalten.

Seinen Fußspuren wollen wir heute folgen. Wir möchten heute Abend hier unsere Liebe, unsere Partnerschaft, unsere Beziehung bedenken, feiern, uns bestärken lassen und um Gottes Beistand bitten.

Gebet

Gott,

du liebst uns und kennst die Höhen und Tiefen einer Beziehung.

Wir sind heute hier, nehmen Abstand vom Alltag, spüren die Wärme und die Ruhe der Kerzen und möchten für unsere Liebe danken und sie feiern.

Wo die Flammen der Liebe nicht mehr hell auflodern, blas du deinen Geist erneut in die Beziehung.

In schwierigen Zeiten stärke du uns durch deine Kraft.

Sei uns ein treuer Begleiter in guten und in schlechten Tagen.

Schrifttext

Koh 4,9–12   Zwei sind besser als eine/r allein

Paargespräch

Das Lied »Halt mich« von Herbert Grönemeyer wird eingespielt (CD »Ö«)

Die Paare werden zu einem zehnminütigen Paargespräch mit folgenden Fragestellungen eingeladen:

– Wann haben Sie das letzte Mal gesagt: Schön, dass es dich gibt?
– Wann haben Sie das Gefühl – schön, dass du da bist?

Meditation

Die Hand

Deine Hand hinterließ
eine Spur in meiner Hand,
ein Zeichen in meinem Herzen,
ein Brandmal in meiner Seele.
Deine Hand gab meinem Leben
einen Sinn.

Am Tage, als du mir
deine Hand reichtest,
gab ich dir die meine
und damit zugleich mein Herz.
Aus deiner Hand
empfing ich das Heilmittel,
das ich überall
vergebens suchte.

Am Tage, da du mir
deine Hand gabst,
habe ich erfahren,
dass es nichts Größeres gibt
im Leben des Menschen
als die Liebe.

Meine Hand nahm deine Hand
und sie verbanden sich
in unauflöslichem Bund.

Meine Hand nahm deine Hand,
um zusammen Licht zu sein,
um zu geben, statt zu nehmen.

Ich habe deine Hand
an mein Herz gelegt.
Deine Hand fühlt,
dass sie in meiner Seele
ein Echo findet
und dass das Einverständnis
unserer Herzen seinen Ursprung
im Ewigen hat.

Ich habe deine Hand genommen
und deine Hand nahm die meine;
dies war der Beginn

unseres Nehmens und Gebens,
und jede Gabe und jedes Empfangen
ist Gnade.

Gib deine Hand
und nimm die meine.
Hand in Hand werden wir
weder straucheln noch fallen.

Hand in Hand
werden wir
unser Ziel erreichen,
das wir suchen
im Meer unseres Lebens.

AUS: SIMON YUSSUF ASSAF, MELODIEN DES LEBENS © ECHTER VERLAG WÜRZBURG 2010, S. 46

Fürbitten

Gemeinsam sind wir stark, so sagen wir manchmal. Zwei sind besser als alleine, so steht es bei Kohelet. Eine dreifache Schnur reißt nicht, deshalb bitten wir, dass Gott in unseren Paarbeziehungen mitgeht.

- Wenn es uns schwer fällt, das zu sehen, zu hören, zu akzeptieren, was im Moment wirklich da ist, in unserer Paarbeziehung, im Alltag:
  Antwortruf: EH 62 »Geh mit uns auf unserm Weg«
- Wenn uns der Mut fehlt, das zu sagen, was wir uns wünschen, was wir erwarten oder erhoffen:
- Wenn wir enttäuscht sind, weil der oder die andere uns nicht wortlos versteht:
- Wenn es uns schwer fällt, Zeit und Ruhe füreinander zu finden, weil Sorgen in Schule, Beruf und Alltag, im finanziellen und zwischenmenschlichen Bereich sich breit machen:
- Wenn wir es gerade schwer miteinander haben:
- Aber auch wenn wir Liebe und Verständnis, Vertrauen und Sicherheit zwischen uns spüren:
- Wenn die »Schmetterlinge im Bauch« noch oder wieder einmal da sind:

– Unterstütze all unsere Bemühungen, damit unsere Beziehung gelingt, ob unsere Liebe nun gerade kräftig lodert oder auf Sparflamme brennt:

Vaterunser

Segen
Du Gott, Vater und Mutter, stärkende Kraft, die uns begleitet.
Halte deine schützende Hand über uns in glücklichen Tagen.
Führe uns in unsicheren Zeiten.
Trag uns, wenn wir kraftlos und müde sind.
Blas deinen Geist in unsere Beziehung,
damit die Flamme unserer Liebe immer wieder kräftig auflodert.
Halte wach die Sehnsucht nach Nähe und Zärtlichkeit.
Segne unsere Liebe.
Segne die guten und die schlechten Tage.
Segne uns als Paar, damit wir füreinander und für andere zum Segen werden.

Gabriele Leuser-Vorbrugg

In einer Paarbiografie

Gesegnet seid ihr …
Segensfeier zu Beginn einer Lebenspartnerschaft

Vorüberlegungen
Noch bevor Gott das Wort an die Menschen richtet, segnet er sie; noch bevor er Auftrag und Bestimmung des Menschen formuliert, segnet er sie (Gen 1,27–28). Im Segen darf der Mensch sich als von Gott berührt wahrnehmen. Zugleich drückt der Segen aber auch eine Erwartungshaltung des Gesegneten aus. Wer um einen Segen bittet oder ihn schenkt, vertraut auf eine heilsame Zukunft und hofft auf etwas, was nur aus eigener Kraft nicht gelingen würde. Eine Segensfeier von Gott zugewandten und ihn suchenden Menschen ist existenzieller Ausdruck des Verwiesenseins auf Gott, unabhängig von der Möglichkeit eines sakramentalen Geschehens, das kirchlichen Vorgaben genügen muss.

Im Folgenden wird eine Segensfeier vorgestellt, die als ein Beispiel angesehen werden darf für Paare, die ihre Partnerschaft unter den Segen Gottes stellen möchten. Unabhängig von der geschlechtlichen Zuordnung ist diese Feier geeignet für einen Gottesdienst für und mit heterosexuellen Paaren, welche keine sakramentale Ehe eingehen können oder es noch nicht wollen (unter diesen Umständen könnte diese Feier auch als eine offizielle Verlobungsfeier betrachtet werden) oder für homosexuelle Paare, welche eine Lebenspartnerschaft eingehen möchten.

Liedvorschläge
GL 266 »Nun danket alle Gott«
EH 87 »Wo zwei oder drei«

Gebet
Wir wollen beten für N. N. und N. N., die heute vor dich hintreten, guter Gott, um sich unter deinen Segen zu stellen.
Lass sie miteinander ihr Glück suchen, indem sie sich in deiner Liebe einander zuwenden. Die Entscheidungen, die ihnen auferlegt werden, mögen sie ge-

meinsam erarbeiten und schmerzhafte Augenblicke mögen sie zusammen tragen. Wenn ihr gemeinsamer Weg schwer wird, lass diejenigen, die ihnen freundschaftlich verbunden sind, bei ihnen sein.
Wir beten auch für alle, die sie als Zeuginnen und Zeugen ihres Versprechens heute eingeladen haben. Wir bitten dich, gütiger Gott, mehre Zuneigung, Vertrauen und Fürsorge füreinander und schenke allen ein erfülltes Leben.

Schrifttext

Ps 103   Der Herr ist barmherzig und gütig

Deutende Worte

Es gibt Augenblicke im Leben, die vergisst man nicht. Die sind so prägend und verändern bisher vertraute Lebensmuster, dass man sich ihrer nicht mehr entledigen kann. Schönes und Schweres, Belebendes und Niederschlagendes: Beides gehört zum Leben. Und innerhalb dieser Eckpfeiler von Lust und Last, von Freiheit und Zerrissenheit spielt sich unser ganzes Leben ab. So verstehe ich auch die Worte des Psalmisten, von dem wir eben hören durften. Ihm ging es nicht um moralisches Gut und Böse, gnädig und sündig; ihm lag daran, der ganzen Wirklichkeit des Lebens, wie sie sich uns nun einmal zeigt, Ausdruck zu verleihen. Dazu gehört die Erfahrung von Vergänglichkeit genauso wie die alle Grenzen übersteigende Erfahrung von Ewigkeit. Niemand vermag das Morgen zu planen, so sehr wir manchmal meinen, wir hätten das Leben und damit die Zukunft im Griff. Was uns allein helfen kann, zuversichtlich auf die Zukunft zu blicken, ist die Gabe, im Hier und Jetzt, im Heute zu leben, ganz und gar, lebendig und voller Kraft. Und auch da schenkt uns der Psalmist eine wunderschöne Einsicht: Wer sich geliebt weiß, wer sich verstanden fühlt, wer sich getragen weiß, vermag die große Angst zu verlieren, die uns zuweilen umtreibt, die Angst, wir könnten die Zukunft unseres Lebens verspielen. Oder kürzer umrissen: Wer in Freundschaft, in Verbundenheit, in Liebe leben darf, der kann sich frei machen von der wirren Lebenspanik, zu denken, er könne im Leben scheitern.
Zu unserer Wirklichkeit gehört freilich auch, dass Menschen einander zerstören können. Ehrlich müssen wir uns eingestehen, dass auch wir immer wieder der Gefahr ausgesetzt sind, eher zu verletzen als aufzurichten. Der Psalmist umschreibt es so: »Denn er weiß, was wir für Gebilde sind; er denkt daran: Wir sind nur Staub.« Und im gleichen Atemzug sagt er genauso klar und unmiss-

verständlich: »Doch die Huld des Herrn währt immer und ewig …; sein Heil erfahren noch Kinder und Enkelkinder.« Liebe: nicht als Belohnung für gutes Handeln (das mag uns aus unserer Kindheit vertraut sein, wo gutes Handeln belohnt und böses bestraft wurde), Liebe nicht als Belohnung, sondern Liebe um ihrer selbst willen. Dazu habt ihr euch gemeinsam auf den Weg gemacht und dazu wollt ihr gemeinsam auf dem Weg bleiben. Ihr wollt einander und der Welt zeigen, dass Liebe die Welt verändern kann. Und ihr wollt einander und der Welt zeigen, dass ihr dem Segen Gottes vertraut, ohne den alles haltlos und unverbindlich bleibt. Eure Liebe wird und ist verbindlich, weil Gott sie mit seinem Segen beschenkt.

Segnung

Bitten der Gäste des Paares:

- Guter Gott, wir bitten dich für N. N. und N. N. Lass sie miteinander Freude und Glück erfahren und anderen Menschen Hoffnung und Hilfe schenken. Gib, dass sie in Stunden der Einsamkeit oder der Enttäuschung in der gegenseitigen Liebe feststehen oder auch wieder aufeinander zugehen können.
- Für die Familien der beiden: Hab Dank für ihre Liebe und ihre Begleitung. Mach sie stark für neue Herausforderungen. Gib ihnen die Gewissheit, dass sie stets geliebt sind und behüte sie alle Tage ihres Lebens.
- Für die Freundinnen und Freunde: Hab Dank, dass es sie gibt und lass stets neue Freundschaften entstehen, dass wir uns gegenseitig in Vertrauen und Zuneigung auf unseren Lebenswegen unterstützen.
- Für die Menschen in der Welt: dass Akzeptanz, Toleranz und Friedenswünsche nicht nur leere Worte sind, sondern in Taten unter den Menschen und den Nationen sichtbar werden.
- Für unsere Verstorbenen: Lass uns durch diese Feier mit ihnen verbunden sein, schenke ihnen Geborgenheit in dir und das ewige Leben.

Zuspruch

Liebe N. N. und N. N., ihr habt euch füreinander entschieden. Eure Liebe ist keine Verbundenheit im abgeschlossenen Raum; vielmehr möchte sie leben und blühen im Miteinander eurer Familien, mit euren Freundinnen und Freunden, ja: in Verbundenheit mit der ganzen Welt. Jede Liebe zwischen Menschen ist eine Hoffnung für diese Welt.

Und so wollen wir bitten: Du Schöpfer Gott, sei du der Grund, ein lebenslanges Fest zu feiern. Bleibe du Friede, Freude und Herrlichkeit für das Miteinander von N. N. und N. N. Erfülle die Welt durch ihre Liebe mit Segen und stärke die Menschen in der Hoffnung, dass nur die Liebe der Welt das Leben gibt. Darum lasst uns jubeln, singen und uns freuen.

Segen
Gott segne euch und schütze euch vor allem Unheil. Nie sollt ihr euch verlassen fühlen und widrigen Umständen ausgesetzt sein. Alle Zeit seien euch gute Menschen zur Seite gestellt.
Er lasse sein Antlitz über euch leuchten, sei euch gnädig und schenke euch reichlich Erbarmen. Er schenke euch offene Augen und Ohren, auf dass ihr alle Zeit die guten Taten und Wunder des Schöpfers erkennt in den unscheinbaren Dingen eures Alltags.
Er gebe euch Kraft und Mut, eure eigenen Wege zu gehen, den für euch bestimmten Weg zu suchen und zu finden. Er mache euch frei von allen inneren Zwängen.
Er schenke euch Frieden und Zuversicht. Ablehnung soll euch nicht erschrecken oder gar betäuben. Angst soll nicht eure ständige Begleiterin sein.
Er schenke euch ein fröhliches Herz, ein Lächeln auf euren Lippen, ein Lachen, das andere mitreißt und frei macht, und die Gabe, euch selbst nicht zu ernst zu nehmen und auch über euch selbst lachen zu können. In dunklen Stunden sende er euch einen Engel, der euch leitet; in Traurigkeiten einen Menschen, der euch tröstet.
Er schenke euch genügend Ruhe. Herausforderungen sollen euch nicht fehlen, zündende Ideen und umwerfende Überraschungen gebe er euch als Zutaten. Mit seinem Segen sei er euch allezeit nahe, umgebe euch mit seinem Beistand, auf dass ihr wachsen und reifen könnt und eure Wege findet.
So bewahre euch Gott, der euch ins Leben rief und will, dass ihr lebt und glücklich seid:
der Vater und der Sohn und der Heilige Geist.

Christoph Simonsen

Ermutigung und Stärkung
Segnungsfeier für Paare mit Salbungsritual

· · · · · · · · · · · · ·

Hinweis
Alternativ zur gegenseitigen Salbung können die Leiter/innen des Gottesdienstes die Salbung selbst vornehmen. Dies kann ebenfalls im Kreis bzw. in Kreisen geschehen. Die Vorbereitenden müssen abschätzen, welche Formen für ihre Adressaten stimmt.

Salbungsritual
Auf dem Altar stehen heute rote Rosen und Rosenöl. Die rote Rose ist die Blume der Liebe – und in der alten Malerei Symbol für die Menschwerdung. Liebe und Menschwerdung sind die Ideale einer geglückten Paarbeziehung. Den anderen zu lieben und ihn sein Sein finden und leben zu lassen, ja ihn darin zu bestärken und zu unterstützen, erfordert ein hohes Maß an Hingabefähigkeit und zugleich an persönlicher Stärke. Diese Stärke haben wir nicht immer. Wir brauchen die Zuneigung, den Zuspruch und die Anerkennung anderer Menschen. Selbst Jesus ging es so. Auch er brauchte Ermutigung und Stärkung.

Nach seinem Einzug in Jerusalem, ein oder zwei Tage vor seiner Gefangennahme, war Jesus im Hause Simons, des Aussätzigen in Bethanien, einem Dorf an der Ostseite des Ölbergs, zu Gast. Da kam eine Frau, deren Name nicht genannt wird, mit einem Alabastergefäß voll kostbarem, wohlriechendem Öl zu ihnen und goss das Öl Jesus über das Haar. Als die Jünger sich über diese Verschwendung ereifern, verteidigt Jesus ihre Handlung: »Als sie das Öl über mich goss, hat sie meinen Leib für das Begräbnis gesalbt.« Die Handlung dieser Frau lässt ihn in diesem Moment seinen Weg und sein Ziel ganz klar erkennen, ihre liebevolle Zuwendung gibt ihm zugleich den Mut, aus freiem Willen diesen Weg anzunehmen.

Selbstbewusstsein und Hingabe. Salbung und Stärkung durch die Hand eines Fremden. – Auch wir wollen einander mit dem Rosenöl salben und uns dadurch in unserer Liebe und in unserem Menschsein stärken lassen.

> Öl aus Karaffe in zwei Schälchen gießen

Bevor wir dies tun, bitten wir Gott, dass auf unserem Tun sein Segen liegen möge. Wir beten das Vaterunser. Wir beten mit geöffneten Händen in dem Bewusstsein, dass wir nur weitergeben können, was wir zuvor empfangen haben: Vater unser im Himmel …

<small>Der/Die Gottesdienstleiter/in bittet die Teilnehmenden, um den Altar einen Kreis zu bilden (es können auch zwei/drei Kreise nacheinander sein, die Anleitungen müssen dann wiederholt werden).</small>

Die Macht des Segnens ist uns allen gegeben. Segnen und stärken wir einander, indem wir uns ein wenig Öl auf die Stirn reiben oder ein Kreuzzeichen damit zeichnen. Sprechen wir uns die Worte zu: Sei gesegnet in deiner Liebe und in deinem Menschsein.

Segnen Sie zunächst die Person, die rechts von Ihnen steht, und lassen Sie sich von ihr segnen. Dann segnen Sie die Person links von Ihnen und lassen Sie sich von ihr ebenfalls segnen.

<small>Die Paare segnen so einander und jeweils eine fremde Person. Sind Einzelpersonen ohne Partner gekommen, können sie den zweiten Segen in dem Bewusstsein der Stellvertretung für ihren Partner/ihre Partnerin annehmen.</small>

Sei gesegnet in deiner Liebe und in deinem Menschsein.

<small>Zwei Ministrant/innen oder zwei Helfer/innen erhalten je ein Schälchen Öl. Sie verteilen sich im Kreis und halten die Schälchen den Teilnehmenden hin.

Leise Instrumentalmusik als Hintergrund</small>

Reichen wir einander die Hände und singen das Lied: »Herr, bleibe bei uns« (GL 18,8).

<small>Die Teilnehmenden gehen auf ihre Plätze zurück.</small>

Die Salbung ist ein altes Zeichen der Auserwählung. Im Judentum wurden Könige gesalbt. Als Christen sind wir Gesalbte, Auserwählte durch die Taufe und noch einmal bestärkt in der Firmung. Stärkung haben auch wir einander jetzt zugesprochen.

Dafür, dass wir dies in Gottes Namen tun dürfen und glauben, dass er in diesen Zeichen bei uns ist, wollen wir jetzt danken und Gott loben mit den Worten König Davids aus Psalm 23 und dem Gesang »Laudate omnes gentes« aus Taizé.

<small>GL 718 Psalm 23 abwechselnd beten, dazwischen EH 68 »Laudate omnes gentes« singen</small>

Gebet

Gott,

du hast die Liebe in allen ihren Dimensionen als die Verbindung zweier Menschen geheiligt. Sie ist Anteil und Ausdruck deiner göttlichen Liebe und Schöpfermacht.

Schenke uns Beharrlichkeit und Vertrauen in die Macht dieser Liebe.

Schenke uns auch Geduld und Weisheit, damit wir in der Geschäftigkeit des Alltags, in der Fülle der Termine, in der Sehnsucht nach Glück das Ziel nicht aus den Augen verlieren: mit und durch den anderen zum wahren Menschsein zu gelangen.

Wir bitten dich um deinen Beistand durch Jesus Christus, unseren Bruder und Herrn.

Segen

Gottes Segen liege auf dir
als Mensch, als Frau oder Mann,
damit du zur Fülle deines Lebens gelangst.
Gottes Segen liege auf dir
als Partner oder Partnerin,
damit du Stütze und Halt, Zuflucht und Hort sein kannst
für den dir anvertrauten Menschen.
Gottes Segen liege auf euch
als Paar,
damit die Liebe, die euch zusammengeführt hat,
immer in euch lebendig bleibt.
Mögt ihr weitergehen im Vertrauen,
dass Gott euch begleitet.
So seien wir alle gesegnet von Gott,
dem Vater, dem Sohn und dem Heiligen Geist.

Silvia Ketterer

Der Regenbogen – Brücke zwischen Gott und Mensch
Segnung einer »Patchworkfamilie«

Einleitende Überlegungen

In der sogenannten »Patchworkfamilie« (in Analogie zum gleichnamigen Stoff, der aus verschiedenen kleinen Stoffstücken zusammengesetzt ist) kommen je ein Elternteil und gegebenenfalls Kinder aus zwei früheren Ehen zusammen, bei denen die Ehepartner durch Tod oder Scheidung voneinander getrennt worden sind. Es treffen zwei Generationen aufeinander, die nicht miteinander aufgewachsen sind. Diese neu entstandene Lebensgemeinschaft sieht sich gewissen Schwierigkeiten am Beginn gegenüber:

– Kinder und Erwachsene müssen sich in einem neuen Familienverband zurechtfinden und sich gleichzeitig mit ihrer Doppelrolle als Eltern und Stiefeltern bzw. Kinder und Stiefkinder arrangieren.
– Es werden hohe Erwartungen in die neue Familie gesetzt; ein kompletter Neuanfang ist jedoch aufgrund der »Altlasten« aus früheren Partnerschaften kaum möglich, zumal in den meisten Fällen ein geschiedener Elternteil mit entsprechenden Beziehungen und Rechten bezüglich der Kinder existiert.

Auf der einen Seite bietet die neue Lebensgemeinschaft eine Vielfalt der Beziehungen von Menschen mit unterschiedlichen Lebensgeschichten und ermöglicht offenere Formen des Zusammenlebens. Auf der anderen Seite werden erhöhte Anforderungen an Gesprächskultur, Mut, Toleranz und Kreativität für das Gelingen dieses neuen Beziehungsgefüges an alle Beteiligten gestellt.

Die folgende Segensfeier soll am Beginn (etwa: Bezug einer neuen gemeinsamen Wohnung oder Nachzug eines Familienteils) einer solchen neuen Lebensgemeinschaft stehen. Dabei wird der Weg dieser »Patchworkfamilie« bewusst unter den Segen Gottes gestellt. Die Mitglieder dieser neuen Familie zusammen mit dem Umfeld der Verwandten, Freundinnen und Freunde und Bekannten sollen ermutigt und bestärkt werden, ihren Weg in Glaube und Liebe, mit Mut und wechselseitiger Toleranz zu gehen. Als grundlegendes Symbol für diese Segensfeier wurde der Regenbogen ausgewählt. Er entsteht aus Sonne und Regen. Der Regenbogen drückt so die Verbindung zweier unabhängiger

Elemente aus. Gleichzeitig ist er ein Symbol der Hoffnung. Sein Anblick erfüllt die Menschen mit Freude und Zuversicht.

Eröffnungsgebet

Gott,

wir danken dir für den Weg, der hinter uns liegt, und für die Erfahrungen, die wir bisher gemacht haben. Du hast diese Menschen (am besten Namen einfügen) durch Glück und Erfüllung und auch durch Leid und Trauer in ihrem bisherigen Leben geführt.

Schenke ihnen für ihr Zusammenleben Vertrauen und Offenheit, so dass ihre Beziehungen wachsen können. Lass sie Geborgenheit in ihrer neuen Lebensgemeinschaft spüren.

Lass uns in der Stille dankbar an die denken, die das Leben von N. N. (Namen einfügen) geprägt haben und nun nicht mehr zur Lebensgemeinschaft gehören (Stille).

Herr, in deine Hände legen wir unsere Zukunft.

Schrifttext

Gen 9,12–17   Der Regenbogen – Zeichen des Bundes

Deutende Worte

Sonne und Regen sind beides Elemente des Lebens. Sie sind eigenständig. Wenn sie zusammentreffen, erscheint Neues und Andersartiges, ein Regenbogen. Ein Regenbogen ist wie eine Brücke.

Auch in Ihrer neuen Familie müssen neue Brücken aufgebaut und alte gefestigt werden (entsprechend der neuen Familiensituation weiter ausführen: Eltern – Stiefeltern, Kinder – Stiefkinder, Geschwister – Stiefgeschwister, nicht zur neuen Lebensgemeinschaft gehörende ehemalige Familienmitglieder ...).

Um diese Brücken aufzubauen und zu erhalten, ist es notwendig, Offenheit und Toleranz im Umgang miteinander zu üben, mit Mut und Kreativität neue Wege zu gehen, Zeit und Geduld für schwierige Situationen aufzubringen.

Sie können sich am Regenbogen orientieren: Im Regenbogen wirken verschiedene Farben zusammen und ergeben ein buntes prächtiges Ganzes. In Ihrer neuen Lebensgemeinschaft fügen sich unterschiedliche Wege zu einer neuen Einheit zusammen. So wünsche ich Ihnen, dass Sie zu einer neuen Lebensgemeinschaft zusammenwachsen.

Sie als Familie stehen vor einem neuen Anfang wie Noah in der Schriftlesung. Darin wird deutlich: Der Regenbogen ist ein Zeichen, das Gott und den Menschen verbindet. Gott schenkt den Menschen einen neuen Bund mit einem neuen Anfang. Vieles verändert sich und gestaltet sich neu. Am Beginn von Neuem sind wir hoffnungsvoll. Der Regenbogen ist ein Symbol der Hoffnung. Der Anblick eines Regenbogens erfüllt die Menschen mit Hoffnung und Freude. In dieser Zuversicht dürfen Sie Ihren Weg als neue Lebensgemeinschaft mit dem Segen Gottes gehen, um den wir jetzt bitten:

Segnung

SEGENSGESTE
Als Zeichen der neuen Verbundenheit zu einer neuen Einheit können die einzelnen Familienmitglieder, eventuell auch Großmütter und Großväter, je einen bunten Streifen mit ihrem Namen versehen und zu einem großen Regenbogen zusammenfügen.

SEGENSGEBET
Die neu zusammengesetzte Familie hält sich an den Händen.

Guter Gott, wir bitten dich für diese beiden Partner und ihre Kinder:
Jede Gabe, die Gott euch geschenkt hat, möge mit den Jahren zu einer festen Brücke wachsen, so dass diese Brücke euch dazu diene, die Herzen derer, die ihr liebt, mit Freude zu erfüllen.
In grauen Stunden möget ihr füreinander da sein, euch vertrauend die Hand reichen, wenn es schwer wird, so dass ihr den regnerischen Stürmen trotzt und die Sonne über den Bergen aufgehen seht.
Der Regenbogen möge euch Hoffnung geben und vor Augen halten, dass Gott in eurer Nähe bleibt und euch begleitet.
Das alles möge euch der Gott des Regenbogens, der Himmel und Erde zusammenbringt, mit seinem Segen schenken.

Fürbitten

Der Regenbogen verheißt uns eine Brücke zwischen Gott und uns. So können wir uns vertrauensvoll an Gott wenden:
- Schenke der neuen Lebensgemeinschaft (am besten Namen einfügen) Offenheit und Vertrauen, damit sie Brücken zueinander bauen können.

- Bekräftige sie in ihrer Geduld, Möglichkeiten und Chancen zu nutzen, damit sie zu einer neuen Familie zusammenwachsen.
- Stärke sie mit Mut, auch Grenzen realistisch einzuschätzen, damit sie nicht durch zu hohe Erwartungen überfordert werden.
- Schicke ihnen Menschen, die sie bei ihrem Neuanfang unterstützen, damit sie den Regenbogen am Himmel in ihrem Leben sehen.

Guter Gott, du sagst uns dein Vertrauen zu und machst uns durch den Regenbogen Mut, auf dich zu hoffen. Wir danken dir dafür.

Liedvorschlag
EH 152 »Suchen und fragen«

Harald und Ulrike Priessnitz

Wenn Wege sich trennen
Ökumenischer Gottesdienst für getrennt Lebende und
Geschiedene und ihre Angehörigen

Vorbemerkung
Seit 1998 gibt es alljährlich dieses Gottesdienstangebot in Stuttgart, vorbereitet durch ein wechselndes Team von Pfarrer/innen, Pädagoginnen/Pädagogen und Eheberater/innen. Seit dem Ökumenischen Kirchentag 2003 in Berlin ist die Vorbereitungsgruppe ökumenisch zusammengesetzt. Die Gottesdienste werden weiterhin jährlich immer unter einem anderen Thema in Stuttgart angeboten.

AUF.BRECHEN
MUSIKSTÜCK

BEGRÜSSUNG UND VOTUM

Zu diesem Gottesdienst möchten wir Sie alle recht herzlich begrüßen. Es ist ein Gottesdienst, der sich besonders an Menschen wendet, die erfahren haben, dass Wege sich trennen, persönlich oder bei nahestehenden Personen. Dieses Erleben von Trennungsprozessen hat auch uns – ein Team von Männern und Frauen unterschiedlicher Arbeitszweige – für diesen Gottesdienst zusammengeführt.

Unser heutiger Gottesdienst ist mit dem Titel AUF.BRECHEN überschrieben und wir wollen uns auch mit diesem doppelten Wortsinn auseinandersetzen: *aufbrechen*, den eigenen Lebensweg aktiv und bewusst beschreiben, nach vorne blicken und was Neues wagen und mit dem Wort *brechen*, das beschreibt, dass etwas zu Bruch geht, kaputt ist oder beendet wird. Beide Wortbedeutungen sind mit unterschiedlichen Emotionen verbunden. Und für beides wollen wir uns der Begleitung Gottes hier in diesem Gottesdienst vergewissern.

LIED
EH 239 »Ausgang und Eingang«

PERSÖNLICHE STATEMENTS
auf.brechen (Statement von Klaus S.)

Wie Sie sehen, mache ich hier zwar ein wenig Musik, bin aber doch eigentlich ein ganz normal arbeitender Mensch, der in diesen Gottesdienst passt, weil ich auch »Betroffener« bin. Wobei das Wort »Betroffener« nicht zutrifft, vielleicht nur in einem bestimmten Stadium, möglicherweise überhaupt nicht. Dazu später noch ein Satz.

Wie sicherlich jede Ihrer Geschichten, so ist auch meine nicht in zwei Sätzen zu erzählen, nicht einmal ein Abend würde ausreichen. Seit vier Jahren getrennt, seit eineinhalb Jahren geschieden, zwei wundervolle Kinder. Soweit die Fakten, die nichts darüber aussagen, warum mich meine Ex-Frau für eine andere Frau verlassen hat und noch weniger erklären können, wie es dazu kommen konnte. So plötzlich eine ganze Existenz zerrissen, ein ganzes Umfeld in Ohnmacht gestürzt, die Kinder vor eine entscheidende Situation ihres Lebens gestellt. Was für ein gewaltiger Bruch für uns alle, was für ein Volltreffer ins Existentielle: zutiefst getroffen. Betroffen ... Fragezeichen.

Am Boden liegend, angeschlagen, merkte ich, dass ich Hilfe brauchte. Ich ging zu einem Heilpraktiker, der gleichzeitig Psychologe und Philosoph ist. Ich wollte das Unerklärliche erklärt bekommen. Doch das Schönste, das ich mit auf den Weg bekam, war eine Bewegung, die aus mir kam. Wir machten so etwas wie Aikido, ich hielt einen Stock in der Hand, er stand mir gegenüber und sagte: «Denken Sie an Ihre Frau und machen Sie dazu eine Bewegung.» Ganz automatisch kam diese Bewegung aus mir heraus (beide Hände, einen Stock haltend, führen den Stock ruhig am Körper vorbei und öffnen einen Weg). Die Geste sagte mir, dass ich sie ziehen lassen soll, ohne Groll, vornehm, mit Würde, denn es war besser für mich und vielleicht auch besser für sie. Wir passten nicht zueinander, vielleicht niemals. Sie war zu kühl, ich litt darunter, brauchte Wärme. Doch man klammert sich an das Gewohnte, zieht so manches durch und schickt die Kinder als Begründung vor.

Ich lernte, sie ziehen zu lassen, um selbst aufbrechen zu können.

Deshalb empfinde ich mich nicht mehr als »Betroffener«, bin froh, dass sie diese Entscheidung getroffen hat, empfinde mich als jemanden, der eine neue Chance erhalten hat, das Leben für sich passender einzurichten. Ich komme mehr und mehr zu mir, ging durch einen tiefen Herbst, erreichte einen sonnigen Frühling, manchmal wolkenbedeckt, den Sommer voraus.

Brüche (Statement von Claudia A.)
Mit Brüchen hatte ich bisher in meinem Leben wenig Erfahrung.

Eigentlich war alles immer »irgendwie gut« – Kindheit, später dann Beruf, Heirat, drei Kinder, kleines Häuschen im Grünen.

Im Rückblick jetzt kann ich sagen, dass der Bruch sich angekündigt hatte, sozusagen mit kleinen Rissen; über längere Zeit hatte ich immer wieder eine latente Unzufriedenheit gespürt, die ich mir nicht erklären konnte.

Im Sommer 2011 kam dann der erste Bruch – ein Zusammenbruch meiner Gesundheit und meiner Lebenskraft. Mit der Diagnose »Depression« wurde ich zu einer Auszeit gezwungen und zu der Frage geführt: Was will ich eigentlich, und was nicht?

Ich habe Antworten gesucht und auch gefunden. Ich bin eigene Schritte gegangen und habe Verantwortung für mich übernommen. Diesen neuen Weg nach der persönlichen Krise wollte ich in meiner Ehe, gemeinsam mit meinem Mann gehen. Doch stattdessen – der nächste Bruch: Mein Mann konnte und wollte diesen Weg nicht mitgehen.

Als er mir sagte, dass er sich trennen will, war es, als würde der Boden unter mir wegbrechen, als würde mein ganzes Lebenshaus zusammenbrechen.

Stück für Stück musste ich mir ein neues bauen, mir ein neues Leben als alleinerziehende Mutter einrichten.

Und nun, ein knappes Jahr später? Fühle ich mich noch nicht sehr oft, aber ab und zu in Aufbruchsstimmung. Zum Aufbruch gehört, etwas zurückzulassen. Dieses Loslassen – auch der Dinge, die mir nicht gut getan haben – fällt mir noch sehr schwer.

Im vergangenen Sommer hat mich eine Kur in einer Klinik im Allgäu ein Stück weiter auf meinen Weg gebracht. Dort habe ich viele Frauen kennengelernt, die ebenfalls Brüche in ihrem Leben erfahren haben.

Eine Therapeutin dort hat mir »Mut zum Glücklichsein« verordnet. Diesen Mut wünsche ich allen, die heute hier sind. Gottes Segen dazu.

Musikstück
Gebet
Du Gott des Aufbruchs, segne uns, wenn wir dein Rufen vernehmen, wenn deine Stimme lockt, wenn dein Geist uns bewegt zum Aufbrechen und Weitergehen.

Du Gott des Aufbruchs, begleite und behüte uns, wenn wir uns von Gewohnheiten verabschieden, wenn wir festgetretene Wege verlassen, wenn wir dankbar zurückschauen und doch neue Wege wagen.

Du Gott des Aufbruchs, wende uns dein Angesicht zu, wenn wir Irrwege nicht erkennen, wenn Angst uns befällt, wenn Umwege uns ermüden, wenn wir Orientierung suchen in den Stürmen der Unsicherheit.

Du Gott des Aufbruchs, leuchte auch unserem Weg, wenn die Ratlosigkeit uns fesselt, wenn wir fremde Lande betreten, wenn wir Schutz suchen bei dir, wenn wir neue Schritte wagen auf unserer Reise nach innen.

Du Gott des Aufbruchs, sei mit uns unterwegs zu uns selbst, zu den Menschen, zu dir.

Lied
EH 123 »Von guten Mächten«

Einladung zu den Stationen
Wir möchten Sie einladen, dem, was Sie innerlich beschäftigt, Ausdruck zu geben.

Sie haben nun an unseren Stationen im Kirchenraum die Möglichkeit, nach Anregungen zu suchen, die Ihnen nützen und weiterhelfen könnten. Sie können sich Gedanken machen, was aufbrechen mit brechen zu tun hat, wovon Sie sich verabschieden müssen, wenn Sie weiter wollen. Sie können sich anregen lassen, wie Sie sich für Ihren Weg rüsten können. Und Sie können sich überlegen, wo Sie eigentlich hin wollen, welche Ziele in der näheren und ferneren Zukunft für Sie dran sind.

Für Ihren Weg hier in der Kirche und draußen im Leben können Sie sich Gottes Begleitung durch einen Segen zusprechen lassen.

Es ist Ihnen überlassen, ob Sie nur eine Station oder mehrere aufsuchen.

Spüren Sie, was heute Abend für Sie dran ist, was Ihnen gut tut und Sie weiterbringt. Lassen Sie sich die Zeit, die Sie brauchen.

Die Orgel ruft uns dann wieder zusammen.

> Die Arbeitsblätter zu den ersten beiden Stationen finden sich auf der beiliegenden CD-ROM.

Station 1: (auf)brechen – Meditation
Station 2: wo ich hin will
Station 3: Segen empfangen

> Eine oder zwei Personen aus dem Vorbereitungsteam segnen die Teilnehmenden, indem sie ihnen die Hände auflegen und folgendes Segensgebet sprechen.

Es segne dich Gott mit der Liebe,
die lebendig macht,
dass du Enttäuschungen lassen kannst,
neu beginnen lernst
und aufrecht deine Wege gehst.

Musik zum Zusammenkommen

Ansprache

Auf unserem Plakat für diesen Gottesdienst ist ein großer breiter Weg abgebildet, der zu einer Weggabelung führt. Ein gemeinsamer Weg hört auf – nach Jahren, die man miteinander verbrachte, gabelt sich der Weg. Aufbrechen – das ist unser heutiges Thema. Aufbruch ist immer mit einem Kraftakt verbunden. Ohne Kraft und Energie ist an aufbrechen eigentlich gar nicht zu denken. In Situationen, in denen Lebensentwürfe zerbrechen, man vor den Scherben und Trümmern der Partnerschaft steht, weil man weggeht und aus dieser Beziehung ausbricht oder vom Partner verlassen wird, ist aber Kraft und Energie meist das, was man nicht hat. Der Weg alleine liegt vor einem und man fühlt sich im Stich gelassen vom anderen, oft auch von guten Freunden, von Verwandten, manchmal auch von den Kindern und von Gott. Vieles bricht auf, vieles bricht ab. Man ist damit beschäftigt, Schritt für Schritt sich ein neues Leben aufzubauen. Bei den Stationen hier im Kirchenraum haben Sie Zeit gehabt, den Gefühlen nachzugehen, die so ein Aufbrechen auslösen.

Es ist eine Grenzsituation im Leben – Altes muss zurückbleiben – einiges sollte man aber trotz Wut und Enttäuschung bewahren. Der Blick muss, so schwer es einem auch fallen mag, nach vorne gerichtet werden – ein neues Ziel muss anvisiert werden. Grenzsituationen gehören zu unserem Leben. In der Bibel wird vom Volk Israel berichtet, das sich auch in einer Grenzsituation befand. Die Israeliten waren zunehmend geknechtet worden in Ägypten, das sie einst freundlich empfangen hatte. Nach einiger Zeit und unter einer neuen Regierung wurde das Volk Israel immer mehr drangsaliert, so dass am Ende nur noch die Möglichkeit bestand, mit Gottes Hilfe aus dieser schweren Situation herauszukommen. Gott versprach seinem Volk, sie aus Ägypten zu führen und ihnen ein neues Land zu schenken. Mose wurde von Gott beauftragt, sein Volk aus Ägypten zu führen. Bekanntermaßen hat Israel sehr lange für diese Wanderung gebraucht: 40 Jahre musste es durch die Wüste wandern.

Die Wüste ist ein Symbol für Zeiten, in denen wir in einer Krise stecken, unsere Grenzen schmerzhaft zu spüren bekommen, und wir ganz auf uns selber geworfen sind. In der Wüste können wir all dem, was uns belastet, nicht mehr ausweichen. Hier gibt es keine Möglichkeiten mehr, sich abzulenken. Man kann zwar den Kopf in den Sand stecken, aber nicht auf Dauer. Man muss sich mit all dem auseinandersetzen, was war, was einen umtreibt. Wüstenzeit ist Zeit der Klärung – oft auf harte und schmerzhafte Weise.

Wüste ist dann auch Entscheidungslandschaft. Hier in der Krise ringen wir um Orientierung und um Schritte auf dem richtigen Weg. Zunächst aber ist die Wüste ein unwegsamer Bereich, voller Gefahren und Tücken. Das Volk Israel muss durch die Wüste, um einen Neubeginn zu machen.

Von diesem Volk nun heißt es, im zweiten Buch Mose, Kapitel 13: »Die Israeliten zogen aus von Sukkot und lagerten sich in Etam am Rande der Wüste. Und der Herr zog vor ihnen her, am Tage in einer Wolkensäule, um sie den rechten Weg zu führen, und bei Nacht in einer Feuersäule, um ihnen zu leuchten, damit sie Tag und Nacht wandern konnten. Niemals wich die Wolkensäule von dem Volk bei Tage noch die Feuersäule bei Nacht.« Gott sagt dem Volk Israel zu, dass er bei ihm bleibt auf dieser gefährlichen Reise.

In einer Wolkensäule verborgen und doch gegenwärtig; hoch hinaufragend, damit man ihn auch noch ganz vom Ende des Zuges her sehen kann, und zugleich ganz nahe bei ihnen. So will Gott vor den Israeliten her gehen auf ihrem noch völlig ungewissen Weg durch die Wüste.

Musikstück
Fürbitten und Vaterunser
<small>Mit Liedruf: EH 273 »Meine Hoffnung und meine Freude«</small>

In den Fürbitten vertrauen wir unsere Ängste und Sorgen Gott an. Wir legen unsere Situation vor ihn und erbitten seine Unterstützung.

– Du unser Gott, du warst den Israeliten mit einer Wolkensäule Wegweiser durch die Wüste. Weise du uns einen Weg, nachdem so vieles zerbrochen ist.
– Du unser Gott, du hast die Israeliten mit einer Feuersäule durch die Wüstennacht geführt. Leuchte auch uns in Dunkelheit und Angst und schenk uns neue Geborgenheit.

- Du unser Gott, gib uns Kraft für unseren Weg, schick uns Wegbegleiter und Wegbegleiterinnen und führe uns immer wieder an Oasen, an denen wir neu auftanken können.
- Du unser Gott, mit so manchen Zielen in unserem Leben haben wir gebrochen oder sie sind uns zerbrochen. Schenk uns neue Orientierung auf unserem Lebensweg und den Mut und die Kraft aufzubrechen.

Weil wir Vertrauen haben zu dir und deiner Kraft, beten wir mit den Worten Jesu: Vater unser im Himmel …

Einladung

Es wäre schön, wenn Sie noch etwas Zeit zum Hierbleiben hätten. Sie sind herzlich eingeladen, sich mit einer Kleinigkeit zu essen und trinken für den Rückweg zu stärken und miteinander ins Gespräch zu kommen. Wir, die wir den Gottesdienst mit vorbereitet haben, sind dabei für Sie ansprechbar. Falls Sie schon nach Hause müssen, kommen Sie gut nach Hause. Falls Sie noch Zeit haben, freuen wir uns, wenn Sie bleiben.

Lied
EH 60 »Herr, wir bitten«

Segen
Gott, der du uns Vater und Mutter bist, segne unseren Weg, segne alle unsere Schritte, die sicheren, die leichten und die zielstrebigen, aber besonders die unsicheren, die schweren, und die zögerlichen.
Geist Gottes, Mutter Geist, schenk uns immer wieder die Kraft aufzustehen und weiterzugehen, auszuruhen und innezuhalten.
Gott, du Ich-bin-da, lass uns spüren, dass du immer bei uns bist.
Dies erbitten wir im Namen des Vaters, des Sohnes und des Heiligen Geistes.

Musik zum Ausklang
Hinweis
Dieser Gottesdienst wurde erarbeitet von Cornelie Ayasse (Predigt), Markus Herb, Thomas Krieg (Liturge), Ute Benker, Ilse Ostertag, Johanna Rosner-Mezler

Johanna Rosner-Mezler

Gebete und Impulse

Wunschzettel für die Partnerschaft
Ich wünsche euch:
dass ihr euch aneinander freut
und miteinander viel Freude habt –

dass ihr eure Wünsche verwirklichen könnt
und euch gemeinsam immer wieder
neu Ziele setzt –

dass ihr schwere Zeiten miteinander durchsteht
und eure Beziehung sich dadurch immer wieder
verwandelt und erneuert –

dass ihr bei Uneinigkeit und Streit
immer wieder zueinander findet
und einander vergeben könnt,
wenn ihr euch gegenseitig wehgetan habt –

dass ihr euch stets einander anvertrauen könnt,
so dass sich einer beim anderen geborgen
und zu Hause fühlen kann –

dass ihr offen bleibt
für eure Freundinnen und Freunde
und Begegnungen mit anderen Menschen
als Bereicherung für eure Beziehung erfahrt –

dass ihr gegenseitig in euch
immer wieder neue Kräfte weckt
und Neues aus euch herauslieben könnt –

dass ihr immer wieder eins seid
mit Leib und Seele
und jeder sich in der Hingabe an den anderen

selbst finden kann.

Christa Spilling-Nöker

Ich wünsche dir,
dass du dann und wann
einem Menschen begegnest,
der dich durch seine Augen
in seine Seele eintreten lässt,
dem du dich vertraut fühlst
vom Augenblick der Begegnung an,
der dich in deiner Tiefe berührt
und das lähmende Gleichmaß
deiner Alltäglichkeiten
in eine sprudelnde Quelle
verwandelt,
aus der heraus du
neues Leben schöpfst.
Ich wünsche dir,
dass du in seiner Nähe
Geborgenheit erfährst
und dass dir seine Liebe
ein Zuhause gibt.

Christa Spilling-Nöker

Wenn euer Leben blüht
Segen für Paare

Wenn euer Leben blüht wie der Frühling,
sei Er wie der Vogel, der von der Liebe singt.

Wenn die Stürme des Lebens euch entgegenwehen,
sei Er das Haus, in dem ihr geborgen seid.

Wenn ihr die Fülle des Lebens genießt,
sei Er wie die Sonne, die euch wärmt.

Wenn dunkle Stunden über euch hereinbrechen,
sei Er das Licht in eurer Mitte.

Wenn das Leben euch einlädt zum Tanz,
sei Er die Musik, die euch bewegt.

Wenn eure Schritte müde werden,
sei Er der Boden, der euch trägt.

So begleite euch der große Gott
durch alle Jahreszeiten eures Lebens.

Kerstin Schmale

Ich will dir Freundin sein,
deine Angst mit dir teilen
und dir Weggefährtin bleiben,
auch auf den unwegsamen Strecken
deines Lebens.
Die Scherbenhaufen vergangener Tage
will ich mit dir gemeinsam
zusammenkehren,
damit die Wunden,
die sie hinterlassen haben,
endlich heilen können
und du getrost
in eine andere Richtung blicken kannst
und Zukunft neu
zu träumen wagst.
Deine Hoffnungen will ich nähren,
so wie man Blumen pflegt,

bis sie zu der ihr eigenen
Schönheit heranwachsen
und blühen können.
In den Strudel deiner Freude
möchte ich mich hineinziehen lassen
und das Leben mit dir feiern
und die Treue, die uns bindet,
dich und mich:
Hand in Hand.

Christa Spilling-Nöker

Wo kann ich dich finden?

Du möchtest aufbrechen
und bleibst im Alten verhaften

Du erwartest Gemeinschaft
und ziehst dich zurück.

Du willst verstanden werden
und verschließt dich immer mehr.

Du suchst Vertrauen
und traust keinem über den Weg.

Du sehnst dich nach Liebe
und schlägst verzweifelt um dich.

Ich möchte mit dir reden,
aber ich weiß nicht,
wie ich anfangen soll.

Ich will dich in die Arme nehmen,
aber ich fürchte,
du weist mich zurück.

Ich möchte zu dir kommen,
aber ich habe keine Ahnung,
wo ich dich finde.

Ich sehne mich nach deiner Nähe,
aber ich wage nicht,
dir zu begegnen.

Ich wünsche mir deine Freundschaft,
doch Abgründe an Missverständnissen
liegen zwischen uns.

Können wir uns nicht
miteinander
ganz behutsam,
Schritt für Schritt
an einen Weg herantasten,
der uns einander
wieder neu
begegnen lässt?

Christa Spilling-Nöker

Anhang

Ablauf einer Trauung in der katholischen Kirche

ERÖFFNUNG/ WORTGOTTESDIENST
- Empfang des Brautpaares durch Priester oder Diakon (Zelebrant) am Eingang der Kirche, die Hochzeitsgäste sind in den Bänken
- Einzug des Brautpaares und Zelebranten mit Orgel oder anderer festlicher Musik
- Eröffnungslied
- Begrüßung durch den Zelebranten
- Kyrierufe

  Die Kyrie-Rufe können vom Brautpaar zusammengestellt werden.
- evtl. Gloria (Loblied)
- Gebet
- Lesung: Textstelle aus dem Alten Testament oder den Apostelbriefen

  Dieser Text kann vom Brautpaar ausgewählt werden.
- Antwortgesang/Instrumentalmusik
- Evangelium: Textstelle aus den vier Evangelien

  Dieser Text kann vom Brautpaar ausgewählt werden.
- Ansprache

DIE FEIER DER TRAUUNG
- Befragung nach der Bereitschaft zur christlichen Ehe
- Segnung der Ringe
- Vermählung

  Das Brautpaar kann für die Erklärung des Ehewillens zwischen zwei Formen wählen: dem Vermählungsspruch (A) und der Vermählung durch das Ja-Wort (B). Beide Formen sind mit dem gegenseitigen Anstecken der Eheringe verbunden. Oder es wird Formular C gewählt, s. S. 54f.
- Bestätigung der Vermählung
- Lied oder Instrumentalmusik
- Trauungssegen
- Fürbitten

  Die Gemeinde betet für das Brautpaar, ihre Familien und Freunde, aber auch für die verstorbenen Angehörigen und die Notleidenden in der Welt. Es können Angehörige und Freunde des Brautpaares Fürbitten sprechen; das Brautpaar kann die Bitten auch selbst formulieren.

EUCHARISTIEFEIER

Sollte keine Eucharistie gefeiert werden, entfällt dieser Teil.
- Lied oder Instrumentalmusik zur Gabenbereitung
- Gabengebet
- Präfation
- Sanctus
- Hochgebet
- Vaterunser
- Agnus Dei
- Kommunionempfang
- Danklied

ABSCHLUSS
- Vaterunser
- Schlussgebet
- evtl. Unterzeichnung der Traudokumente durch die Trauzeugen
- Segen
- Lied
- Entlassung
- Feierlicher Auszug mit Musik

Gemeinsame Feier der kirchlichen Trauung in einer katholischen Kirche unter Beteiligung des evangelischen Pfarrers/der evangelischen Pfarrerin

Eröffnung
- Empfang des Brautpaares
- Einzug mit Instrumentalmusik
- Lied
- Begrüßung
- Eröffnungsgebet

Wortgottesdienst
- Lesung und Gesänge zu den Lesungen
- Ansprache

Trauung
- Befragung der Brautleute
- Segnung der Ringe
- Vermählung
- Bestätigung der Vermählung
- evtl. Lied oder Instrumentalmusik
- Feierlicher Trauungssegen
- Fürbitten

Abschluss
- Vaterunser
- evtl. Lied oder Instrumentalmusik
- Schlussgebet
- evtl. Überreichung von Gaben
- Segen
- evtl. Lied
- Entlassung
- Feierlicher Auszug mit Musik

Gemeinsame Feier der kirchlichen Trauung in einer evangelischen Kirche unter Beteiligung eines katholischen Geistlichen (Pfarrer/Diakon)

Eröffnung
- Empfang des Brautpaares
- Einzug
- Lied
- Gruß
- Einführung
- Psalmgebet/Eröffnungsgebet

Verkündigung Bekenntnis Segnung
- Schriftlesung
- Predigt
- evtl. Lied
- Gottes Wort für die Ehe
- Traubekenntnis
- Übergabe der Ringe und Handreichung
- Segnung
- Lied

Sendung
- Fürbitten
- Vaterunser
- Lied
- Überreichung von Gaben
- Segen
- Auszug

Bibelstellenverzeichnis

Gen 2,18–25	Darum verlässt der Mann Vater und Mutter und bindet sich an seine Frau	*43*
Gen 9,12–17	Der Regenbogen – Zeichen des Bundes	*166*
Gen 28,10–22	Jakobs Traum	*22*
Gen 29,1–12	Jakob lernt Rahel kennen	*139*
Dtn 4,29b–31	Du wirst den Herrn, deinen Gott, finden	*129*
Ps 23	Der Herr ist mein Hirte	*117*
Ps 34,12–15	Unter Gottes Schutz	*28*
Ps 52,10	Wie ein grünender Ölbaum	*32*
Ps 91	Wer im Schutz des Höchsten wohnt	*67f*
Ps 103	Der Herr ist barmherzig und gütig	*159*
Jes 43,1–5.7	Fürchte dich nicht	*125*
Jer 29,11–14	Ich will euch eine Zukunft und eine Hoffnung geben	*101*
Hld 3,1–4	Das Hohelied der Liebe	*146*
Hld 8,5–6	Leg mich wie ein Siegel auf dein Herz	*117*
Koh 3,1–11	Alles hat seine Zeit	*48*
Koh 3,1–8	Alles hat seine Stunde	*92*
Koh 4,9–12	Zwei sind besser als einer allein	*36, 56, 154*
Mi 4,1–5	Die Völkerwallfahrt zum Berg Zion	*64*
Mt 19,4b–6	Was Gott verbunden hat	*56*
Mk 9,2–10	Die Verklärung Jesu auf dem Berg	*64*
Joh 2,1–12	Die Hochzeit zu Kana	*92, 122*
Joh 15,1–11	Bleibt in meiner Liebe	*48*
Joh 15,5	Ich bin der Weinstock	*33*
Joh 15,9–11	Bleibt in meiner Liebe	*79*
Joh 15,9–14	Bleibt in meiner Liebe	*111*
Joh 15,12–17	Liebt einander	*70*
Joh 17,20–23	Alle sollen eins sein	*56*
1 Kor 12,31b–13,8a	Das Hohelied der Liebe	*70*
1 Kor 13	Das Hohelied der Liebe	*144*
1 Kor 13,8	Die Liebe hört niemals auf	*114*
Kol 3,12–17	Ihr seid von Gott geliebt	*105*
Hebr 10,23–25	Er, der die Verheißung gegeben hat, ist treu	*39*
1 Joh 4,7–16a	Die Vollendung des Glaubens in der Liebe	*111*

Textnachweis

S. 22–27: Mechthild Alber, Jakobs Traum, aus: Martin Stöffelmaier (Hg.), Geh mit uns auf unserm Weg. Trauungsansprachen, Schwabenverlag AG, Ostfildern 2001, 85–63.

S. 28–31: Susanne Hepp-Kottmann, Wer die Wahrheit liebt, muss die Liebe in der Ehe suchen, oder: Leben wagen – unter Gottes Schutz, aus: Martin Stöffelmaier (Hg.), Geh mit uns auf unserm Weg. Trauungsansprachen, Schwabenverlag AG, Ostfildern 2001, 98–102.

S. 32–35: Anton Seeberger, Ölbaum und Weinstock, aus: Martin Stöffelmaier (Hg.), Geh mit uns auf unserm Weg. Trauungsansprachen, Schwabenverlag AG, Ostfildern 2001, 171–174.

S. 36–38: Anton Seeberger, Eine dreifache Schnur reißt nicht, aus: Martin Stöffelmaier (Hg.), Geh mit uns auf unserm Weg. Trauungsansprachen, Schwabenverlag AG, Ostfildern 2001, 82–85.

S. 39–42: Michael Broch, Was die wechselnden Zeiten überdauert, aus: Martin Stöffelmaier (Hg.), Geh mit uns auf unserm Weg. Trauungsansprachen, Schwabenverlag AG, Ostfildern 2001, 180–184.

S. 43–47: Christiane Bundschuh-Schramm, Im Zeichen der Ringe. Trauungsgottesdienst für ein Paar, das schon länger zusammenwohnt, aus: Dies. (Hg.), Wo die Liebe wohnt. Gottesdienste und Segensfeiern für Paare, Schwabenverlag AG, Ostfildern 2005, 58–63.

S. 48–53: Robert Widmann, Entdeckt im andern das Geheimnis eurer Liebe. Trauungsgottesdienst mit Taufe, aus: Christiane Bundschuh-Schramm (Hg.), Wo die Liebe wohnt. Gottesdienste und Segensfeiern für Paare, Schwabenverlag AG, Ostfildern 2005, 69–74.

S. 54–61: Beate und Jörg Beyer, Grundsteinlegung für eine ökumenische Hauskirche. Ökumenische Trauung in Anlehnung an das badische »Formular C«, aus: Christiane Bundschuh-Schramm (Hg.), Wo die Liebe wohnt. Gottesdienste und Segensfeiern für Paare, Schwabenverlag AG, Ostfildern 2005, 79–87.

S. 62–66: Michael Schindler, Miteinander auf dem Gipfel. Trauungsgottesdienst für ein exemplarisches Erlebnismilieu, aus: Christiane Bundschuh-Schramm (Hg.), Wo die Liebe wohnt. Gottesdienste und Segensfeiern für Paare, Schwabenverlag AG, Ostfildern 2005, 88–93.

S. 67–69: Heribert Arens, Schutz, aus: Der Prediger und Katechet 5/2009, 732–733.

S. 70–72: Hans Haiber, Auf Rosen gebettet, aus: Der Prediger und Katechet 2/2008, 315–317.

S. 73–74: Markus Krell, Ehe und Eisenbahn – Stilllegung oder Betrieb auf Dauer? Aus: Der Prediger und Katechet 2/2012, 278–279.

S. 75–78: Max Huber, »Traut euch« (thematisch), aus: Der Prediger und Katechet 3/2011, 444–446.

S. 79–81: Michael Fox, Ein Ja, das Leben schenkt. Ansprache zu einer Trauung mit Taufe, aus: Der Prediger und Katechet 4/2010, 600–602.

S. 82: Paul Weismantel, Segensgebet zur Trauung, aus: Martin Stöffelmaier (Hg.), Geh mit uns auf unserm Weg. Trauungsansprachen, Schwabenverlag AG, Ostfildern 2001, 96.

S. 82f.: Christa Spilling-Nöker, Hat dir schon einmal ein Mensch gesagt, aus: Dies., Ich schenke dir ein gutes Wort. Ermutigungen und Segensworte, Toposplus Tb. 674, Matthias-Grünewald-Verlag der Schwabenverlag AG, Ostfildern 2009, 68. © Verlag am Eschbach

S. 83: Christa Spilling-Nöker, Als ich dir begegnet bin, aus: Dies., Ich schenke dir ein gutes Wort. Ermutigungen und Segensworte, Toposplus Tb. 674, Matthias-Grünewald-Verlag der Schwabenverlag AG, Ostfildern 2009, 65. © Verlag am Eschbach

S. 85: Paul Weismantel, Gestaltungselement, aus: Martin Stöffelmaier (Hg.), Geh mit uns auf unserm Weg. Trauungsansprachen, Schwabenverlag AG, Ostfildern 2001, 110.

S. 85: Susanne Hepp-Kottmann, Gestaltungselement, aus: Martin Stöffelmaier (Hg.), Geh mit uns auf unserm Weg. Trauungsansprachen, Schwabenverlag AG, Ostfildern 2001, 119.

S. 88–91: Annedore Barbier-Piepenbrock/Verena und Hans-Jürgen Winkler, Den Weg weitergehen. Ritual zum zehnten Hochzeitstag, aus: Christiane Bundschuh-Schramm (Hg.), Wo die Liebe wohnt. Gottesdienste und Segensfeiern für Paare, Schwabenverlag AG, Ostfildern 2005, 101–104.

S. 92–95: Marlies Mittler-Holzem, Ganz ohne Wunder geht's auch nicht. Gottesdienst zur Silberhochzeit, aus: Christiane Bundschuh-Schramm (Hg.), Wo die Liebe wohnt. Gottesdienste und Segensfeiern für Paare, Schwabenverlag AG, Ostfildern 2005, 105–109.

S. 96–100: Silvia Ketterer, Innehalten – danken – weitergehen. Feier zur Silberhochzeit im privaten Rahmen, aus: Christiane Bundschuh-Schramm (Hg.), Wo die Liebe wohnt. Gottesdienste und Segensfeiern für Paare, Schwabenverlag AG, Ostfildern 2005, 115–120.

S. 101–104: Michael von Rottkay, Gib den Jahren Leben. Segensfeier zum 40-jährigen Ehejubiläum, aus: Beate Jammer (Hg.), Sei um uns mit deinem Segen. Segensfeiern und Segnungen, Schwabenverlag AG, Ostfildern 2005, 90–94.

S. 105–110: Elfriede Sacha, Ein Erntedankfest der Liebe. Gottesdienst zur Goldenen Hochzeit, aus: Christiane Bundschuh-Schramm (Hg.), Wo die Liebe wohnt. Gottesdienste und Segensfeiern für Paare, Schwabenverlag AG, Ostfildern 2005, 131–136.

S. 111–113: Rolf Fleiter, Liebe ist nicht nur ein Wort. Ansprache zur Goldenen Hochzeit, aus: Der Prediger und Katechet 5/2010, 752–754.

S. 114–116: Kathrin Buchhorn-Maurer, Die Liebe hört niemals auf. Feier zur Diamantenen Hochzeit, aus: Christiane Bundschuh-Schramm (Hg.), Wo die Liebe wohnt. Gottesdienste und Segensfeiern für Paare, Schwabenverlag AG, Ostfildern 2005, 137–140.

S. 117–121: Christiane Bundschuh-Schramm, Gott stärke dich durch meine Liebe. Segensfeier zum Hochzeitstag, aus: Dies. (Hg.), Wo die Liebe wohnt. Gottesdienste und Segensfeiern für Paare, Schwabenverlag AG, Ostfildern 2005, 96–100.

S. 122–124: Alexander Reischl, Sie haben keinen Wein mehr! Ansprache zu einem Treffen von Ehepaaren, aus: Der Prediger und Katechet 2/2008, 310–312.

S. 125–127: Dagobert Vonderau, Weil du in meinen Augen kostbar und wertvoll bist. Mutter-/Elternsegen während der Schwangerschaft, aus: Der Prediger und Katechet 6/2010, 879–881.

S. 128–131: Heribert Feifel, Segnung eines Paars, das sich trennt, aus: Christiane Bundschuh-Schramm (Hg.), Ich will mit dir sein und dich segnen. Segensfeiern und Segensgesten, Schwabenverlag AG, Ostfildern 1999, 74–78.

S. 132–133: Kathrin Buchhorn-Maurer, Halte du, Gott, den weiten Raum. Segensgebet für ein Paar in der Krise, aus: Christiane Bundschuh-Schramm (Hg.), Wo die Liebe wohnt. Gottesdienste und Segensfeiern für Paare, Schwabenverlag AG, Ostfildern 2005, 200–201.

S. 134: Christiane Bundschuh-Schramm, Weil noch viele Jahre vor euch liegen. Segensgebet zum Hochzeitsjubiläum, aus: Dies. (Hg.), Segen wird es geben. Gute Wünsche für das Jahr. Toposplus Tb. 676, Matthias-Grünewald-Verlag der Schwabenverlag AG, Ostfildern 2008, 63.

S. 135: Christa Spilling-Nöker, Nähe und Distanz, aus: Dies., Ich schenke dir ein gutes Wort. Ermutigungen und Segensworte, Toposplus Tb. 674, Matthias-Grünewald-Verlag der Schwabenverlag AG, Ostfildern 2009, 83. © Christa Spilling-Nöker

S. 138–141: Christiane Bundschuh-Schramm, Jedem Anfang wohnt eine Kraft inne. Segensfeier für Verliebte, aus: Beate Jammer (Hg.), Sei um uns mit deinem Segen. Segensfeiern und Segnungen, Schwabenverlag AG, Ostfildern 2005, 80–84.

S. 142–145: Maria Faber/Hildegund Keul, Weil Liebe uns beflügelt, aus: Christiane Bundschuh-Schramm (Hg.), Wo die Liebe wohnt. Gottesdienste und Segensfeiern für Paare, Schwabenverlag AG, Ostfildern 2005, 26–29.

S. 153–157: Gabriele Leuser-Vorbrugg, Gottesdienst für mancherlei Liebende, aus: Christiane Bundschuh-Schramm (Hg.), Wo die Liebe wohnt. Gottesdienste und Segensfeiern für Paare, Schwabenverlag AG, Ostfildern 2005, 43–48.

S. 158–161: Christoph Simonsen, Gesegnet seid ihr. Segensfeier zu Beginn einer Lebenspartnerschaft, aus: Beate Jammer (Hg.), Sei um uns mit deinem Segen. Segensfeiern und Segnungen, Schwabenverlag AG, Ostfildern 2005, 85–89.

S. 162–164: Silvia Ketterer, Ermutigung und Stärkung. Segnungsfeier für Paare = Die Fragen leben. Gottesdienst für Paare in der Krise (gekürzt), aus: Christiane Bundschuh-Schramm (Hg.), Wo die Liebe wohnt. Gottesdienste und Segensfeiern für Paare, Schwabenverlag AG, Ostfildern 2005, 177–179.

S. 165–168: Harald und Ulrike Prießnitz, Segnung einer Familie im Patchwork-Muster, aus: Christiane Bundschuh-Schramm (Hg.), Ich will mit dir sein und dich segnen. Segensfeiern und Segensgesten, Schwabenverlag AG, Ostfildern 1999, 65–69.

S. 176f.: Christa Spilling-Nöker, Wunschzettel für die Partnerschaft, aus: Dies., Ich schenke dir ein gutes Wort. Ermutigungen und Segensworte, Toposplus Tb. 674, Matthias-Grünewald-Verlag der Schwabenverlag AG, Ostfildern 2009, 64. © Verlag am Eschbach

S. 178: Christa Spilling-Nöker, Ich wünsche dir, aus: Dies., Ich schenke dir ein gutes Wort. Ermutigungen und Segensworte, topos-Taschenbuch, Matthias-Grünewald-Verlag der Schwabenverlag AG, Ostfildern 2009, 21. © Verlag am Eschbach

S. 178f.: Kerstin Schmale, Wenn euer Leben blüht. Segen für Paare, aus: Christiane Bundschuh-Schramm (Hg.), Wo die Liebe wohnt. Gottesdienste und Segensfeiern für Paare, Schwabenverlag AG, Ostfildern 2005, 203.

S. 179f.: Christa Spilling-Nöker, Ich will dir Freundin sein, aus: Dies., Ich schenke dir ein gutes Wort. Ermutigungen und Segensworte, Toposplus Tb. 674, Matthias-Grünewald-Verlag der Schwabenverlag AG, Ostfildern 2009, 91. © Verlag am Eschbach

S. 180f.: Christa Spilling-Nöker, Wo kann ich dich finden, aus: Dies., Ich schenke dir ein gutes Wort. Ermutigungen und Segensworte, Toposplus Tb. 674, Matthias-Grünewald-Verlag der Schwabenverlag AG, Ostfildern 2009, 92. © Christa Spilling-Nöker